한자로 키우는 초등문해력 2

하루 한 장의 기적

동양북스 교육콘텐츠연구회, 박빛나(현직 초등 교사) 지음

KB190493

동양북스

들어가기 전에

★ 선생님 한마디

'외우는 한자'가 아니라, '이해하는 한자'로 바꿔보는 건 어떨까요?

한자를 무작정 외우기만 하면 지루하고 금세 잊어버리기 쉬워요. 하지만 한자는 단순한 글자가 아니라, 어휘의 뜻을 품고 있는 작은 이야기입니다. 저는 수업 중 낯선 어휘가 나오면 그 단어 속 한자를 함께 살펴보며 의미를 풀어주는 활동을 자주 해요. "아, 그래서 이 단어가 이런 뜻이었구나!" 하며 스스로 깨닫는 순간, 아이들의 이해가 훨씬 깊어지죠.

요즘 한자 수업을 운영하는 학교도 많아졌지만, 여전히 한자를 획순대로 따라 쓰고 외우는 데만 그치는 경우가 많아요. 하지만 한자의 원리를 이해하면, 모르는 어휘의 뜻을 짐작해 볼 수 있는 힘이 생깁니다. 그것이 바로 문해력입니다.

한자를 왜 공부해야 할까요?

우리가 쓰는 말의 70% 이상이 한자어예요. 국어뿐만 아니라 사회, 과학 같은 교과서 속 개념어들도 대부분 한자에서 비롯되죠. 그래서 한자를 익히는 일은 단어를 넘어서 문장을 이해하고, 글을 깊이 있게 읽어내는 힘, 즉 문해력을 기르는 길과 맞닿아 있어요.

그럼 어떻게 공부해야 할까요?

한자의 모양만 외우기보다, 뜻과 구성 원리, 연결된 단어들까지 함께 이해하며 익히는 것이 중요해요. 이 책은 그런 방식으로 한자의 흐름을 자연스럽게 익히고, 어휘력을 확장해 갈 수 있도록 구성되어 있습니다.

한자는 세상을 더 깊이 이해하기 위한 언어적 도구입니다. 이 책과 함께라면, 한자와 조금 더 친해지고 여러분의 문해력도 한 뼘 더 자라날 거예요.
조금씩, 천천히, 하지만 꾸준히!
우리 함께 한자의 세계로 걸어가 볼까요?

박빛나 드림

우리 책의 특징

❶ 10년 차 초등 교사가 쓴, 아이 눈높이에 딱 맞춘 지문!

초등학교 교과서 수준에 적절하고 흥미로운 내용의 지문을 제공하여 아이들이 즐겁게 학습할 수 있습니다.

❷ 한자를 통해 주론력을 키우는 어휘 학습!

한자를 무작정 암기하는 것이 아닌, 어원을 표현한 그림을 보고 자유롭게 상상하는 것으로부터 시작합니다. 그 후 한자의 뜻이 교과서 어휘 속에 어떻게 들어 있는지 확인하고, 새로운 어휘의 의미도 유추할 수 있는 힘을 기릅니다.

❸ 학부모도 아이도 부담 없는 하루 1장!

한자 1자 ···› 교과서 어휘 2개 ···› 문해력 향상 지문으로 이어지는 하루 한 장 구성으로, 학습을 지도할 시간이 많지 않은 부모님과 아이 모두 부담 없이, 체계적으로 공부할 수 있습니다.

『한자로 키우는 초등 문해력 1, 2』를 공부하면 바뀌는 3가지!

❶ 글의 뜻을 스스로 파악하는 힘이 생깁니다.

❷ 초등 교과서 핵심 어휘 200개를 완벽하게 익힐 수 있습니다.

❸ 한자능력검정시험 8급+7급Ⅱ 100자를 완벽하게 익힐 수 있습니다.

우리 책의 구성

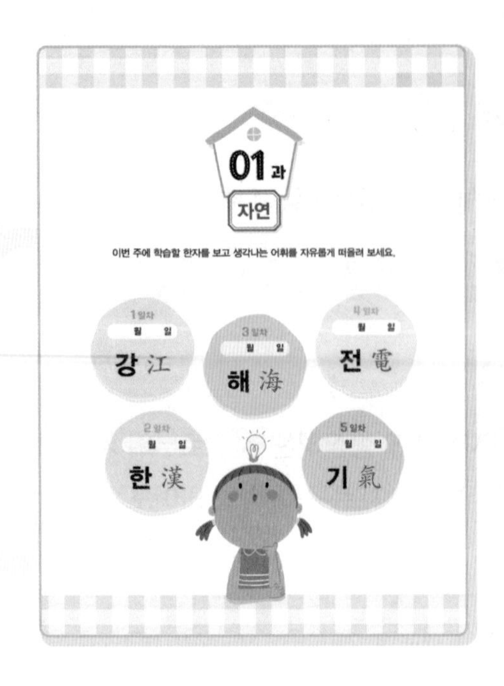

학습 계획

이번 단원에서 만날 5개의 한자를 미리 확인하고, 한 주간의 학습 계획을 세웁니다.

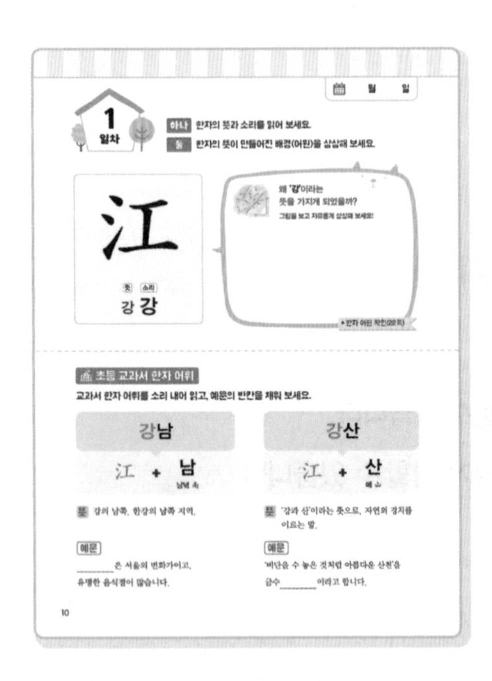

❶단계 어원 확인

한자 어원이 표현된 그림을 보고, 한자가 만들어진 배경을 자유롭게 상상해 봅니다.

❷단계 초등 교과서 한자 어휘

앞에서 배운 한자의 뜻이 교과서 어휘에 어떻게 들어 있는지 확인합니다.

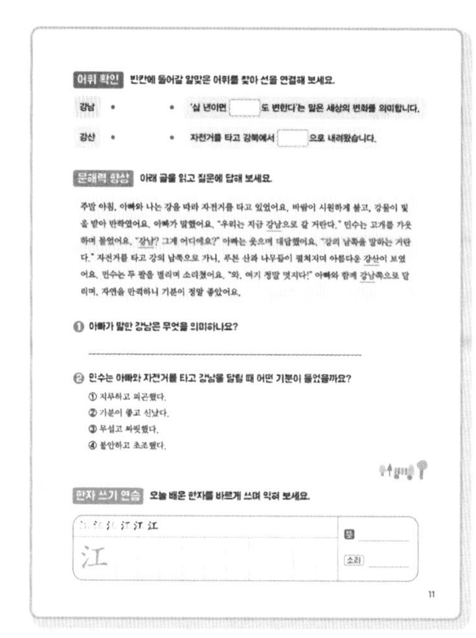

❸단계 어휘 확인

교과서 어휘와 예문을 연결하며 의미를 정확히 파악합니다.

❹단계 문해력 향상

지문과 문제를 통해 글을 읽고 해석하는 힘을 기릅니다.

❺단계 한자 쓰기 연습

오늘 배운 한자를 획순에 따라 써 봅니다.

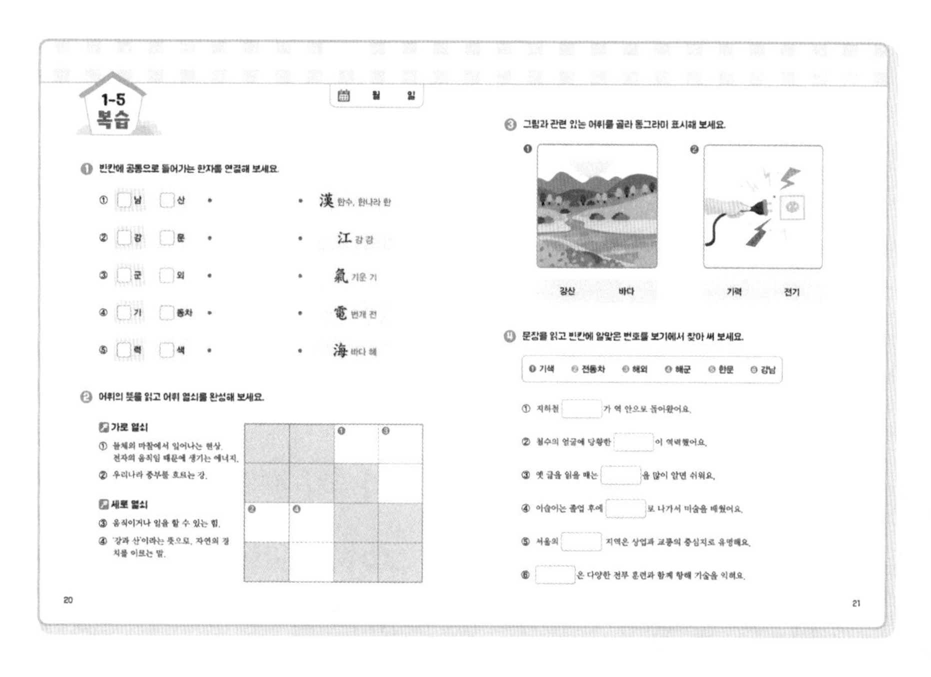

❻단계 복습 문제

한 주의 학습이 끝나면, 재미있는 복습 문제를 풀면서 그동안 학습한 어휘를 되짚어 봅니다.

목차

한자는 다음 순서로 쓰세요!

* 상하 구조의 것은 위에서부터 아래로 씁니다.

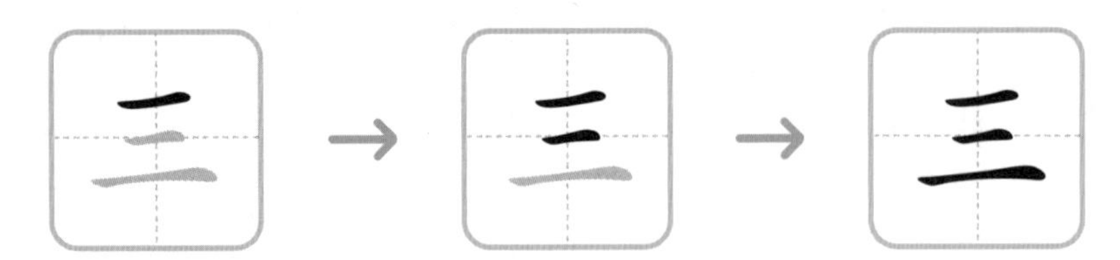

* 좌우 대칭형의 것은 가운데를 먼저 쓰고, 좌우의 것은 나중에 씁니다.

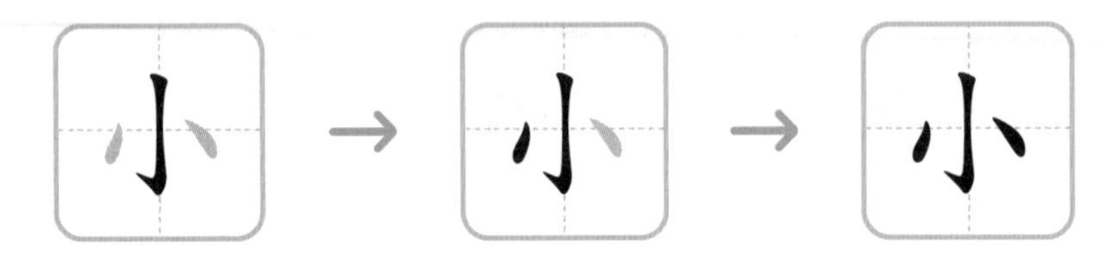

* 글자 전체를 관통하는 세로획은 맨 마지막에 씁니다.

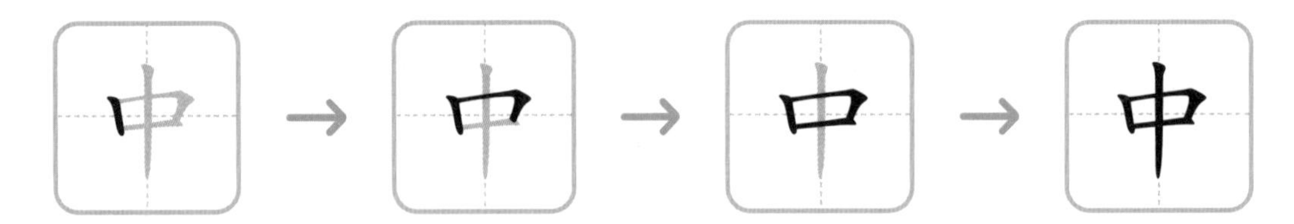

* 좌우 구조의 것은 왼쪽에서부터 오른쪽으로 씁니다.

北 → 北 → 北 → 北 → 北

* 내외 구조의 것은 바깥의 것을 먼저 쓰고 안의 것은 나중에 씁니다.

四 → 四 → 四 → 四 → 四

이번 주에 학습할 한자를 보고 생각나는 어휘를 자유롭게 떠올려 보세요.

월 일

하나 한자의 뜻과 소리를 읽어 보세요.

둘 한자의 뜻이 만들어진 배경(어원)을 상상해 보세요.

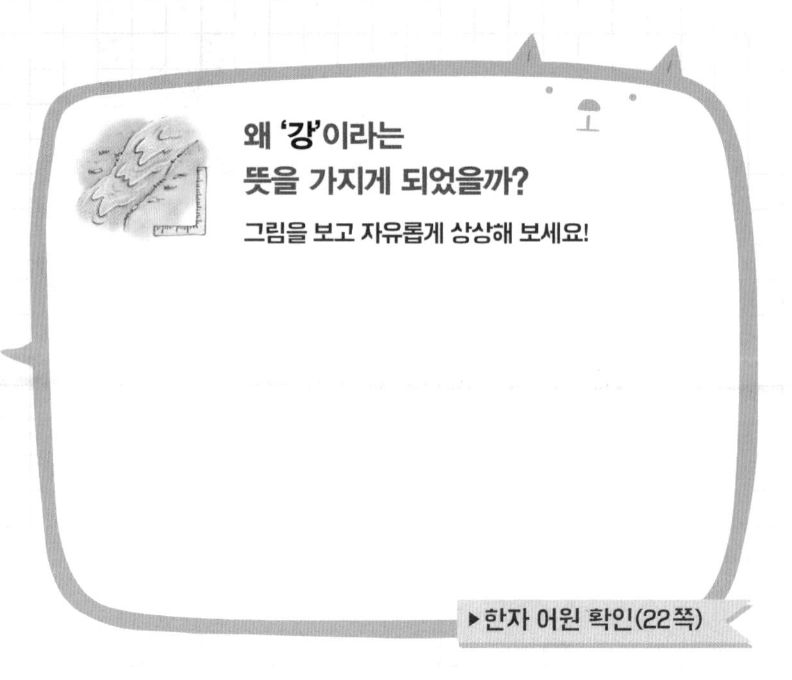

▸한자 어원 확인(22쪽)

초등 교과서 한자 어휘

교과서 한자 어휘를 소리 내어 읽고, 예문의 빈칸을 채워 보세요.

강남

江 + 남
남녘 南

뜻 강의 남쪽. 한강의 남쪽 지역.

예문

________은 서울의 번화가이고,
유명한 음식점이 많습니다.

뜻 '강과 산'이라는 뜻으로, 자연의 경치를 이르는 말.

예문

'비단을 수 놓은 것처럼 아름다운 산천'을
금수________이라고 합니다.

어휘 확인 빈칸에 들어갈 알맞은 어휘를 찾아 선을 연결해 보세요.

강남 • • '십 년이면 ☐ 도 변한다'는 말은 세상의 변화를 의미합니다.

강산 • • 자전거를 타고 강북에서 ☐ 으로 내려왔습니다.

문해력 향상 아래 글을 읽고 질문에 답해 보세요.

주말 아침, 아빠와 나는 강을 따라 자전거를 타고 있었어요. 바람이 시원하게 불고, 강물이 빛을 받아 반짝였어요. 아빠가 말했어요. "우리는 지금 강남으로 갈 거란다." 민수는 고개를 갸웃하며 물었어요. "상남? 그게 어디에요?" 아빠는 웃으며 대답했어요. "강의 남쪽을 말하는 거란다." 자전거를 타고 강의 남쪽으로 가니, 푸른 산과 나무들이 펼쳐지며 아름다운 강산이 보였어요. 민수는 두 팔을 벌리며 소리쳤어요. "와, 여기 정말 멋지다!" 아빠와 함께 강남쪽으로 달리며, 자연을 만끽하니 기분이 정말 좋았어요.

❶ 아빠가 말한 강남은 무엇을 의미하나요?

____

❷ 민수는 아빠와 자전거를 타고 강남을 달릴 때 어떤 기분이 들었을까요?

① 지루하고 피곤했다.

② 기분이 좋고 신났다.

③ 무섭고 짜릿했다.

④ 불안하고 초조했다.

한자 쓰기 연습 오늘 배운 한자를 바르게 쓰며 익혀 보세요.

江 江 江 江 江 江	뜻 ________
江	소리 ________

월 일

하나 한자의 뜻과 소리를 읽어 보세요.

둘 한자의 뜻이 만들어진 배경(어원)을 상상해 보세요.

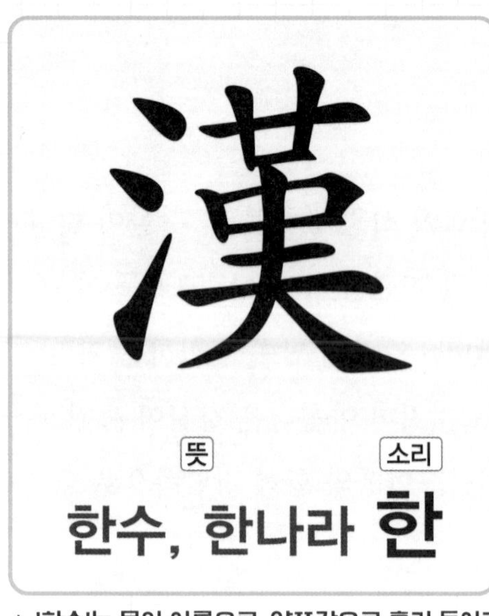

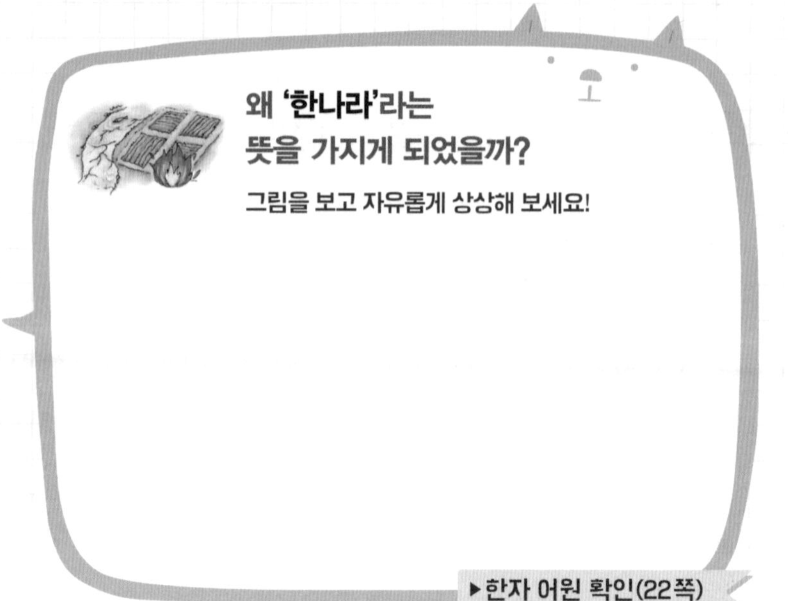

▶한자 어원 확인(22쪽)

* '한수'는 물의 이름으로, 양쯔강으로 흘러 들어가는 강이에요.

초등 교과서 한자 어휘

교과서 한자 어휘를 소리 내어 읽고, 예문의 빈칸을 채워 보세요.

한강

漢 + 강 (강 江)

뜻 우리나라 중부를 흐르는 강.

예문

________ 유람선 위로 반짝이는 불꽃놀이가 펼쳐집니다.

한문

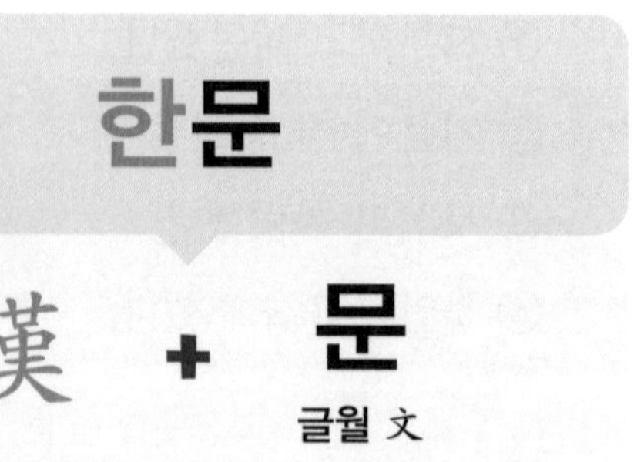

뜻 한자를 가지고 옛 중국어의 문법에 따라 지은 문장. 한자로 쓴 글.

예문

선생님께서 ________의 뜻을 쉽게 설명해 주셨습니다.

어휘 확인 빈칸에 들어갈 알맞은 어휘를 찾아 선을 연결해 보세요.

한강	•	• 여기에서는 [ ]이 한눈에 내려다 보입니다.
한문	•	• [ ] 수업 시간에 한자를 배우고 뜻을 익혔습니다.

문해력 향상 아래 글을 읽고 질문에 답해 보세요.

민수는 가족과 함께 한강 공원에 놀러 갔어요. 민수네 가족은 강바람이 시원하게 불어오는 곳에서 돗자리를 펼쳤어요. 민수가 간식을 먹고 있을 때, 할아버지는 벤치에 앉아 신문을 읽다가 말했어요. "옛날과 다르구나. 옛날엔 신문에도 한문이 많이 쓰였는데, 요즘은 거의 없네." 민수는 고개를 갸웃하며 물었어요. "그럼 옛날에는 한강이라는 글자도 한문으로 썼어요?" 할아버지는 미소를 지으며 고개를 끄덕였어요. "그렇지, '漢江'이라고 썼단다."

❶ 할아버지가 신문을 읽다가 "옛날과 다르구나."라고 말한 이유는 무엇일까요?

____

❷ 밑줄 친 부분을 어떻게 읽는지 알맞은 말을 써 보세요.

> 옛날 신문에는 漢江처럼 한문으로 쓰인 글자들이 많았다.

____

한자 쓰기 연습 오늘 배운 한자를 바르게 쓰며 익혀 보세요.

漢 漢 漢 漢 漢 漢 漢 漢 漢 漢 漢 漢 漢 漢

漢

뜻 ________

소리 ________

월 일

하나 한자의 뜻과 소리를 읽어 보세요.

둘 한자의 뜻이 만들어진 배경(어원)을 상상해 보세요.

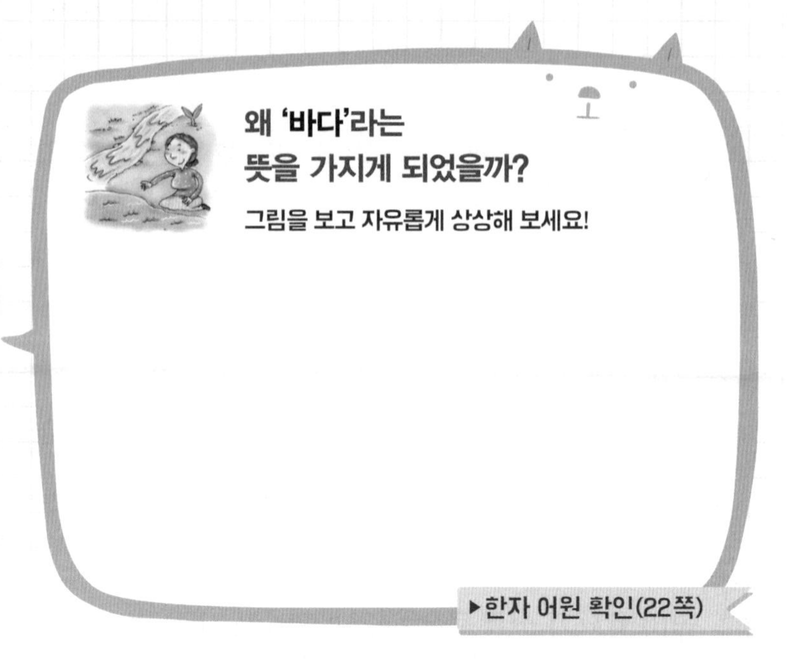

초등 교과서 한자 어휘

교과서 한자 어휘를 소리 내어 읽고, 예문의 빈칸을 채워 보세요.

해군

海 + 군

군사 軍

뜻 주로 바다에서 공격과 방어의 임무를 수행하는 군대.

예문

육군과 ________, 공군이 합동 훈련을 합니다.

뜻 바다의 밖. 다른 나라를 이르는 말.

예문

아빠는 이번 주에 회사에서 ________ 출장을 가십니다.

어휘 확인 빈칸에 들어갈 알맞은 어휘를 찾아 선을 연결해 보세요.

해군	•	• 요즘에는 [ ] 여행자가 부쩍 늘었습니다.
해외	•	• 커다란 [ ] 군함이 바다를 가르며 움직입니다.

문해력 향상 아래 글을 읽고 질문에 답해 보세요.

지훈이는 공항에서 해군 군복을 입은 사람을 보았어요. “와! 저분은 군인이야?” 지훈이가 아빠에게 물었어요. 아빠는 미소를 지으며 말했어요. “응, 바다를 지키는 해군이란다.” 지훈이는 궁금해서 다시 물었어요. “근데 왜 공항에 있어?” 아빠는 대답했어요. “우리나라 해군은 바다뿐만 아니라 해외에서 다른 나라와 협력하여 훈련하고 임무를 수행한단다.” 지훈이는 멋진 군인을 바라보며 생각했어요. ‘나도 커서 세계를 누비는 멋진 사람이 되고 싶어!’

1. 지훈이는 공항에서 어떤 사람을 보았나요?

____

2. 아빠는 해군이 왜 해외에도 가야 한다고 설명했나요?

____

한자 쓰기 연습 오늘 배운 한자를 바르게 쓰며 익혀 보세요.

海 海 海 海 海 海 海 海 海 海

海

뜻 ________

소리 ________

월 일

하나 한자의 뜻과 소리를 읽어 보세요.

둘 한자의 뜻이 만들어진 배경(어원)을 상상해 보세요.

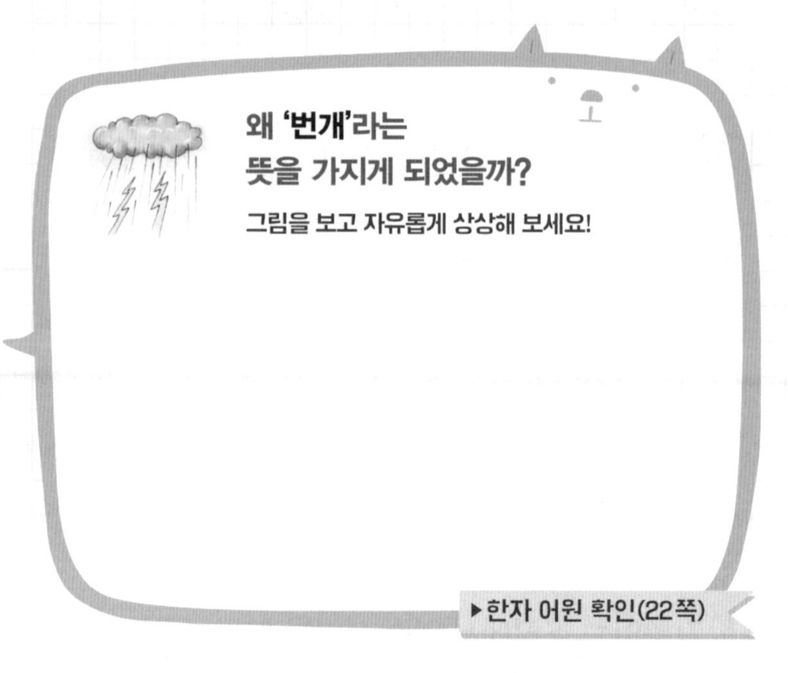

▸한자 어원 확인(22쪽)

초등 교과서 한자 어휘

교과서 한자 어휘를 소리 내어 읽고, 예문의 빈칸을 채워 보세요.

전기

電 + 기 (기운 氣)

뜻 물체의 마찰에서 일어나는 현상.
전자의 움직임 때문에 생기는 에너지.

예문

스웨터를 벗을 때 머리카락에 정________가 생깁니다.

전동차

電 + 동 (움직일 動) 차 (수레 車)

뜻 전동기의 힘으로 레일 위를 달리는 차.

예문

________ 문이 닫히기 전에 서둘러 탑승했습니다.

어휘 확인 빈칸에 들어갈 알맞은 어휘를 찾아 선을 연결해 보세요.

전기	•	• 태풍이 지나가면서 나무가 쓰러져 [ ]가 끊겼습니다.
전동차	•	• 나는 [ ]를 타고 놀이공원을 구경했습니다.

문해력 향상 아래 글을 읽고 질문에 답해 보세요.

지훈이는 현장 체험 학습으로 반 친구들과 놀이공원에 갔어요. 입구 근처에서 사람들이 줄을 서 있길래 지훈이가 궁금해서 물었어요. "선생님, 여기 왜 이렇게 사람이 많아요?" 선생님이 웃으며 대답했어요. "이건 전동차야! 놀이공원 안을 편하게 다닐 수 있도록 전기로 움직이는 차란다." 지훈이는 신이 나서 전동차에 올라탔어요. "우와! 전기로 가는 차라서 조용하고 빠르네!"

① 지훈이는 놀이공원에서 어떤 차를 보았나요?

____

② 전기로 움직이는 전동차는 어떤 특징이 있나요?

____

한자 쓰기 연습 오늘 배운 한자를 바르게 쓰며 익혀 보세요.

電 電 電 電 電 電 電 電 電 電 電 電 電

電

뜻 ____________

소리 ____________

월 일

하나 한자의 뜻과 소리를 읽어 보세요.

둘 한자의 뜻이 만들어진 배경(어원)을 상상해 보세요.

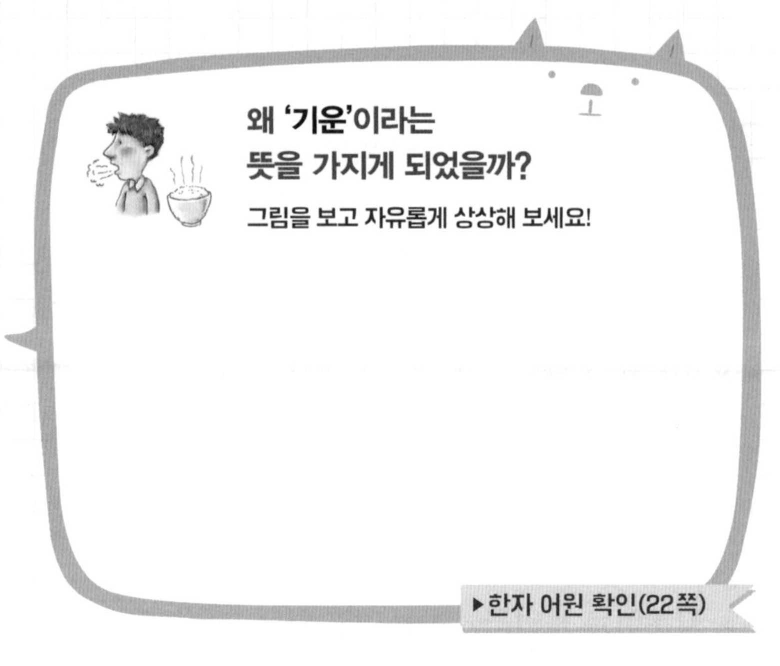

▸한자 어원 확인(22쪽)

초등 교과서 한자 어휘

교과서 한자 어휘를 소리 내어 읽고, 예문의 빈칸을 채워 보세요.

기력

氣 + 력 (힘 力)

뜻 움직이거나 일을 할 수 있는 힘.

예문

친구가 감기에 걸려서 ________이 없습니다.

기색

뜻 마음의 작용으로 얼굴에 드러나는 빛. 어떤 일을 짐작하게 해 주는 눈치.

예문

철수의 얼굴에 하기 싫은 ________이 역력합니다.

어휘 확인 빈칸에 들어갈 알맞은 어휘를 찾아 선을 연결해 보세요.

기력 •	• 일터에서 돌아오신 아버지 얼굴에 피곤한 [ ] 이 가득합니다.
기색 •	• 따뜻한 음식을 먹으니 [ ] 이 회복된 것 같습니다.

문해력 향상 아래 글을 읽고 질문에 답해 보세요.

운동회 날, 지훈이가 달리기 경주에 나갔어요. 지훈이는 출발 신호와 함께 열심히 달렸지만, 결승선을 앞두고 그만 넘어지고 말았죠. 친구들이 달려와 "괜찮아?"하고 물었지만, 지훈이는 너무 힘이 들어서 대답하기도 어려웠어요. 선생님이 다가와 말했어요. "지훈아, 네 얼굴에 힘든 기색이 보이는구나. 잠시 쉬면서 기력을 회복하자." 물을 한 모금 마신 지훈이는 고개를 끄덕이며 말했어요. "네! 조금 쉬면 다시 뛸 수 있을 것 같아요!"

1 지훈이가 넘어졌을 때 친구들이 "괜찮아?"라고 물은 이유는 무엇일까요?

____

2 지훈이가 "네! 조금 쉬면 다시 뛸 수 있을 것 같아요!"라고 말한 이유는 무엇일까요?

① 포기하고 싶었기 때문이다.
② 물을 마셔서 기운이 났기 때문이다.
③ 뛰고 싶었지만 말할 힘이 없었기 때문이다.
④ 쉬기 싫었지만 선생님이 하라고 해서 그렇게 말했다.

한자 쓰기 연습 오늘 배운 한자를 바르게 쓰며 익혀 보세요.

氣 氣 氣 氣 氣 氣 氣 氣 氣 氣

氣

뜻 ____________

소리 ____________

1-5 복습

월 일

❶ 빈칸에 공통으로 들어가는 한자를 연결해 보세요.

① □남 □산 •　　　• 漢 한수, 한나라 한

② □강 □문 •　　　• 江 강 강

③ □군 □외 •　　　• 氣 기운 기

④ □기 □동차 •　　　• 電 번개 전

⑤ □력 □색 •　　　• 海 바다 해

❷ 어휘의 뜻을 읽고 어휘 열쇠를 완성해 보세요.

가로 열쇠

① 물체의 마찰에서 일어나는 현상. 전자의 움직임 때문에 생기는 에너지.

② 우리나라 중부를 흐르는 강.

세로 열쇠

③ 움직이거나 일을 할 수 있는 힘.

④ '강과 산'이라는 뜻으로, 자연의 경치를 이르는 말.

■	■	❶	❸
■	■	■	
❷	❹	■	■
■		■	■

❸ 그림과 관련 있는 어휘를 골라 동그라미 표시해 보세요.

❶

강산　　바다

❷

기력　　전기

❹ 문장을 읽고 빈칸에 알맞은 번호를 보기에서 찾아 써 보세요.

❶ 기색	❷ 전동차	❸ 해외	❹ 해군	❺ 한문	❻ 강남

① 지하철 [　　] 가 역 안으로 들어왔어요.

② 철수의 얼굴에 당황한 [　　] 이 역력했어요.

③ 옛 글을 읽을 때는 [　　] 을 많이 알면 쉬워요.

④ 이슬이는 졸업 후에 [　　] 로 나가서 미술을 배웠어요.

⑤ 서울의 [　　] 지역은 상업과 교통의 중심지로 유명해요.

⑥ [　　] 은 다양한 전투 훈련과 함께 항해 기술을 익혀요.

01과 한자 어원 확인

한자	뜻이 만들어진 배경
江 강 강	뚝이 있는 강물의 모양이 바뀌어서 만들어졌어요.
漢 한수, 한나라 한	양쯔강 상류라는 뜻에서, 이 지역 나라 이름인 '한나라'라는 의미로 쓰이게 되었어요.
海 바다 해	냇물이 흘러가서 넓게 모이는 곳으로, 어머니와 같은 바다를 나타내는 글자로 쓰이게 되었어요.
電 번개 전	비가 내릴 때 벼락이 떨어지는 모양이 바뀌어서 만들어졌어요.
氣 기운 기	내뿜는 입김과 밥에서 나오는 김의 모습이 바뀌어서, 기운을 나타내는 글자로 쓰이게 되었어요.

이번 주에 학습할 한자를 보고 생각나는 어휘를 자유롭게 떠올려 보세요.

월 일

하나 한자의 뜻과 소리를 읽어 보세요.

둘 한자의 뜻이 만들어진 배경(어원)을 상상해 보세요.

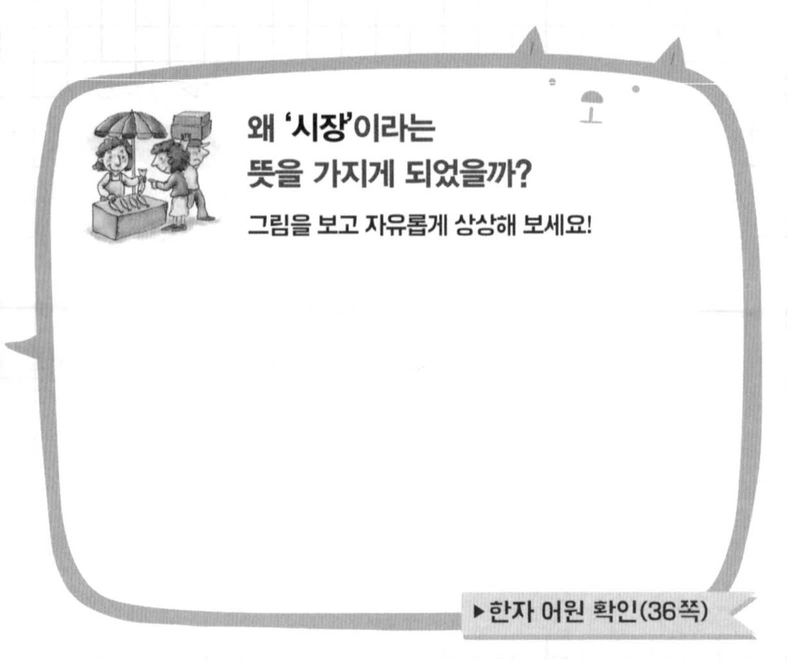

▶한자 어원 확인(36쪽)

초등 교과서 한자 어휘

교과서 한자 어휘를 소리 내어 읽고, 예문의 빈칸을 채워 보세요.

시민

市 + 민 (백성 民)

뜻 도시의 주민. (좁은 의미)
민주 사회의 구성원. (넓은 의미)

예문

거리로 나온 ________들이 가족과 즐거운 시간을 보냅니다.

시내

市 + 내 (안 内)

뜻 도시의 안. 도시의 중심가.

예문

바다를 보기 위해 월미도행 ________버스를 탔습니다.

어휘 확인 빈칸에 들어갈 알맞은 어휘를 찾아 선을 연결해 보세요.

시민 •　　　• [　　　]에 백화점과 가게들이 밀집해 있습니다.

시내 •　　　• 지하철은 많은 [　　　]들이 이용하는 교통수단입니다.

문해력 향상 아래 글을 읽고 질문에 답해 보세요.

주말에 지훈이는 가족과 함께 시내로 나갔어요. 거리는 많은 시민들로 붐볐고, 광장에서는 거리 공연이 한창이었어요. "우와! 사람들이 엄청 많아!" 지훈이가 신나게 뛰어다녔어요. 그때 풍선 가게 앞에서 사람들이 길게 줄을 서 있는 것을 보고 지훈이가 물었어요. "아빠, 여기는 왜 이렇게 사람이 많아요?" 아빠는 웃으며 대답했어요. "시민들이 즐겨 찾는 곳이니까! 맛있는 음식점도, 멋진 공연도 다 시내에 모여 있거든!"

1 지훈이는 시내에서 무엇을 보았나요?

① 사람들이 계단에 앉아 쉬는 모습
② 사람들이 공원에서 운동하는 모습
③ 사람들이 운동장에서 축구하는 모습
④ 사람들이 풍선 가게 앞에서 길게 줄을 선 모습

2 빈칸에 들어갈 알맞은 말을 써 보세요.

시민들이 [　][　] [　][　] 곳이 시내라고 아빠는 말했어요.

한자 쓰기 연습 오늘 배운 한자를 바르게 쓰며 익혀 보세요.

市 市 市 市 市

市										뜻 ______ 소리 ______

월 일

하나 한자의 뜻과 소리를 읽어 보세요.

둘 한자의 뜻이 만들어진 배경(어원)을 상상해 보세요.

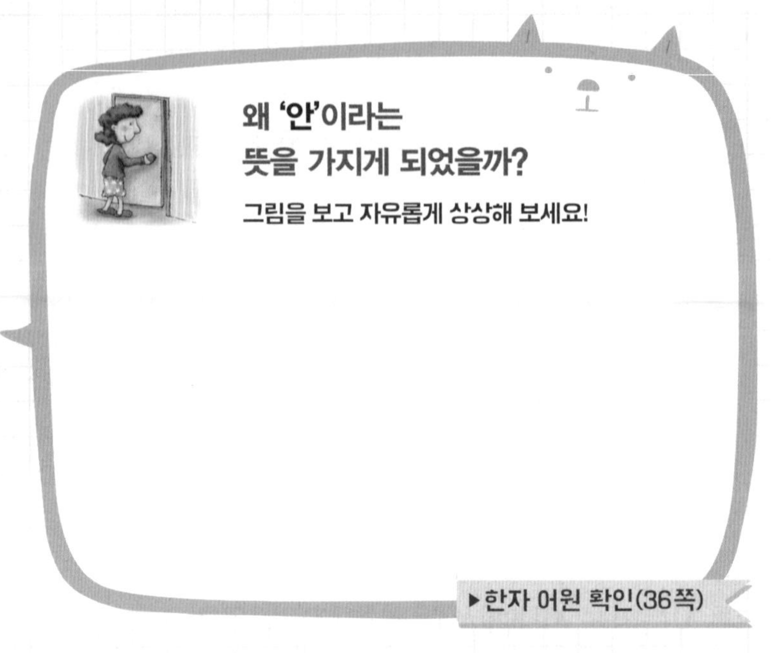

▸한자 어원 확인(36쪽)

초등 교과서 한자 어휘

교과서 한자 어휘를 소리 내어 읽고, 예문의 빈칸을 채워 보세요.

내부

内 + 부
거느릴 部

뜻 안쪽의 부분. 어떤 조직에 속하는 범위의 안.

예문

문이 열려 있어서 방 ________가 들여다보입니다.

뜻 마음속. 겉으로 보이지 않는 생각이나 느낌.

예문

사람은 겉모습뿐만 아니라 ________을 잘 가꿔야 합니다.

어휘 확인 빈칸에 들어갈 알맞은 어휘를 찾아 선을 연결해 보세요.

내부 •	• 책을 통해 자신의 [ ]을 더 깊이 이해할 수 있습니다.
내면 •	• 건물은 오래되었지만 [ ]는 새것처럼 깨끗합니다.

문해력 향상 아래 글을 읽고 질문에 답해 보세요.

옛날, 작은 마을에 쌍둥이 형제가 살았어요. 형은 외면은 잘생겼지만, 내면은 차갑고 심술궂었어요. 동생은 외면은 평범했지만, 내면이 따뜻하고 사람들을 잘 도와주었죠. 어느 날, 마을에 큰 홍수가 나자 마을 사람들의 집과 상점 내부로 물이 들어왔어요. 형은 사람들이 어려움을 겪는 상황에서도 자신의 외면에 신경을 쓰며 아무런 도움을 주지 않았어요. 하지만 동생은 마을 사람들을 돕기 위해 용감하게 나서서 마을을 뛰어다니며 많은 사람들의 생명을 구했죠. 동생은 사람들의 존경과 사랑을 받았고, 형은 그제서야 자신의 태도를 반성하고 고쳤어요.

❶ 형과 동생의 외면은 어떻게 달랐나요?

____

❷ 동생은 왜 사람들의 존경과 사랑을 받았나요?

____

한자 쓰기 연습 오늘 배운 한자를 바르게 쓰며 익혀 보세요.

内 内 内 内

内

뜻 ____________

소리 ____________

월 일

하나 한자의 뜻과 소리를 읽어 보세요.

둘 한자의 뜻이 만들어진 배경(어원)을 상상해 보세요.

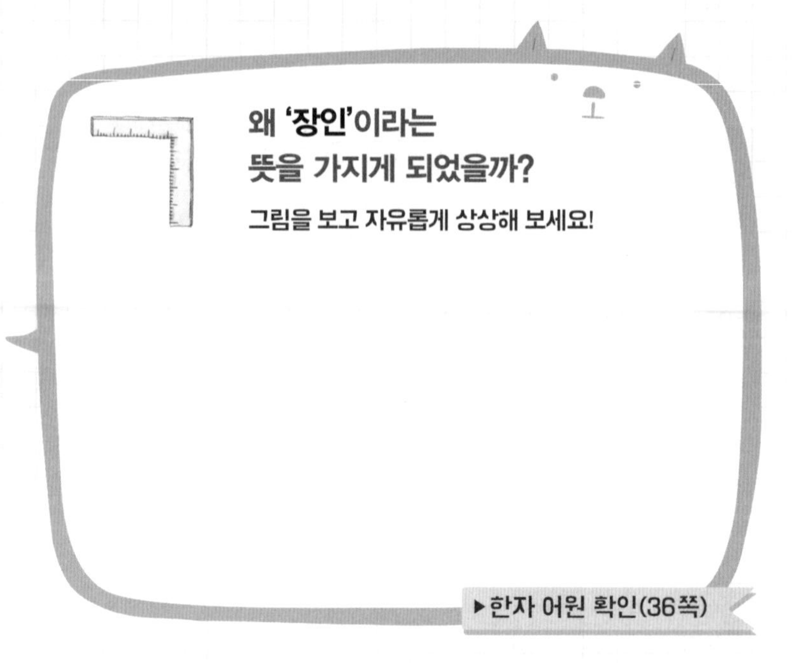

▸한자 어원 확인(36쪽)

초등 교과서 한자 어휘

교과서 한자 어휘를 소리 내어 읽고, 예문의 빈칸을 채워 보세요.

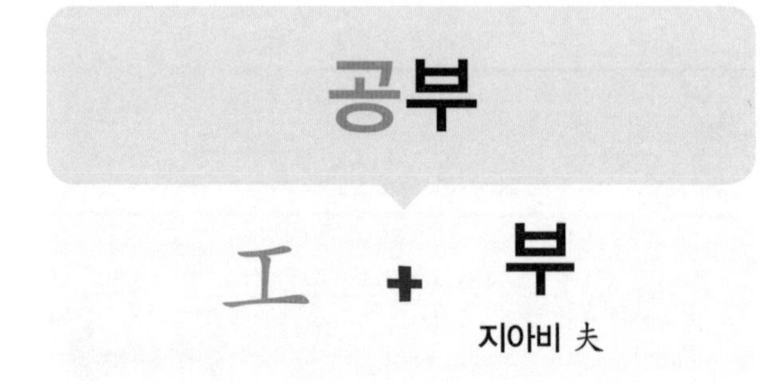

뜻 학문이나 기술을 배우는 일.

예문

명숙이는 과학자가 되기 위해 열심히 ________합니다.

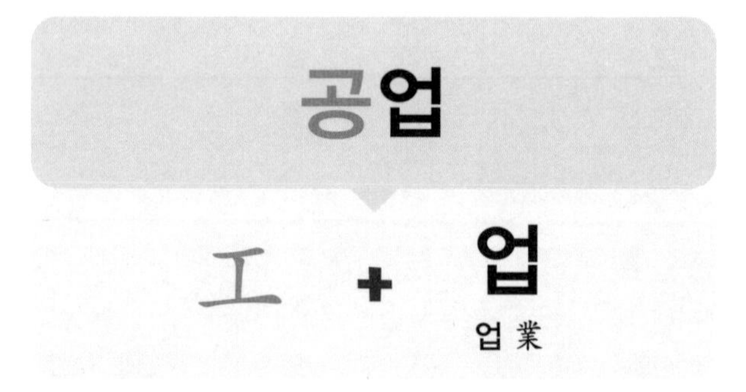

뜻 원료를 가공하여 유용한 물건, 재료를 만드는 산업.

예문

이 지역에는 여러 ________ 단지가 모여 있습니다.

어휘 확인 빈칸에 들어갈 알맞은 어휘를 찾아 선을 연결해 보세요.

공부	•	• 이 도시는 기계를 만드는 [ ]이 발달했습니다.
공업	•	• 성공한 사람들은 늘 [ ]하는 자세를 갖고 있습니다.

문해력 향상 아래 글을 읽고 질문에 답해 보세요.

공부를 싫어하는 로봇, 철수가 살았어요. 철수는 학교에 가는 대신 공업 단지에서 로봇 친구들과 놀기만 했죠. 그러던 어느 날, 철수는 고장 난 로봇 친구를 보게 되었어요. 철수는 친구를 고쳐 주고 싶었지만, 그동안 공부를 안 한 탓에 어떻게 해야 할지 전혀 몰랐죠. 그 순간 철수는 깊이 후회하며, 공부가 왜 중요한지 깨달았어요. 그 후 철수는 열심히 노력해서 마침내 훌륭한 엔지니어가 되었답니다. 철수는 공업 기술을 이용해 더 멋진 로봇을 만들고, 고장 난 로봇들을 고쳐 주며 행복하게 살았어요.

1 철수는 왜 고장 난 로봇 친구를 고쳐줄 수 없었나요?

____

2 철수는 나중에 어떤 일을 하게 되었나요?

① 로봇 친구들과 계속해서 놀았다.
② 공업 단지를 떠나 이사갔다.
③ 훌륭한 로봇 엔지니어가 되었다.
④ 훌륭한 엔지니어를 찾아 나섰다.

한자 쓰기 연습 오늘 배운 한자를 바르게 쓰며 익혀 보세요.

工 工 工

工

뜻 ________

소리 ________

월 일

하나 한자의 뜻과 소리를 읽어 보세요.

둘 한자의 뜻이 만들어진 배경(어원)을 상상해 보세요.

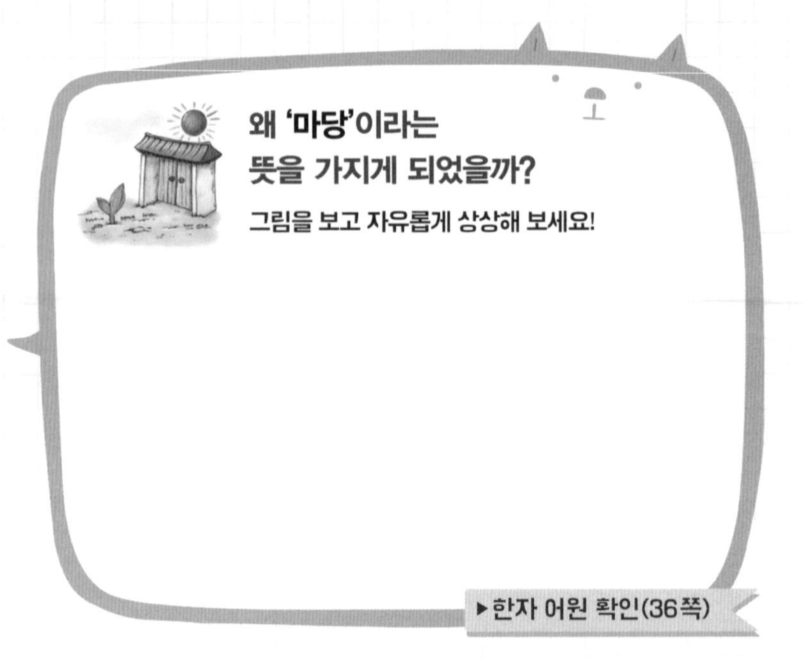

▸한자 어원 확인(36쪽)

초등 교과서 한자 어휘

교과서 한자 어휘를 소리 내어 읽고, 예문의 빈칸을 채워 보세요.

장소

場 + 소 (바 所)

뜻 어떤 일이 이루어지거나 일어나는 곳.

예문

이곳에는 가 볼 만한 ________가 많습니다.

농장

뜻 농사 지을 땅과 여러 시설을 갖춘 곳.

예문

채소 ________에서 농업 체험 활동을 했습니다.

어휘 확인 빈칸에 들어갈 알맞은 어휘를 찾아 선을 연결해 보세요.

장소 •		• 빛이 잘 드는 [ ] 에 화분을 두었습니다.
농장 •		• 사과 [ ] 에 가서 직접 사과를 따 보았습니다.

문해력 향상 아래 글을 읽고 질문에 답해 보세요.

준호는 할아버지의 농장에 들렀어요. 농장에 있는 다양한 식물들을 보고 신이 난 준호는 식물들을 밟고 뛰어다녔죠. 그것을 본 할아버지가 다가오며 말했어요. "준호야, 이렇게 농장에 있는 식물들을 함부로 밟으면 안 된단다. 이곳은 우리가 소중히 가꿔야 하는 장소야." 준호는 놀라서 뛰는 것을 멈추고 고개를 숙였어요. "미안해요, 할아버지. 앞으로 조심할게요!" 할아버지는 미소를 지으며 말했어요. "이 농장은 우리가 오래도록 지켜야 할 소중한 곳이란다."

1 준호는 왜 할아버지에게 혼났나요?

____

2 할아버지는 준호에게 농장은 어떤 장소라고 말했나요?

① 신나는 장소
② 뛰어다니는 장소
③ 소중히 가꿔야 하는 장소
④ 아무렇게나 사용할 수 있는 장소

한자 쓰기 연습 오늘 배운 한자를 바르게 쓰며 익혀 보세요.

場 場 場 場 場 場 場 場 場 場 場 場

場

뜻 ________

소리 ________

월 일

하나 한자의 뜻과 소리를 읽어 보세요.

둘 한자의 뜻이 만들어진 배경(어원)을 상상해 보세요.

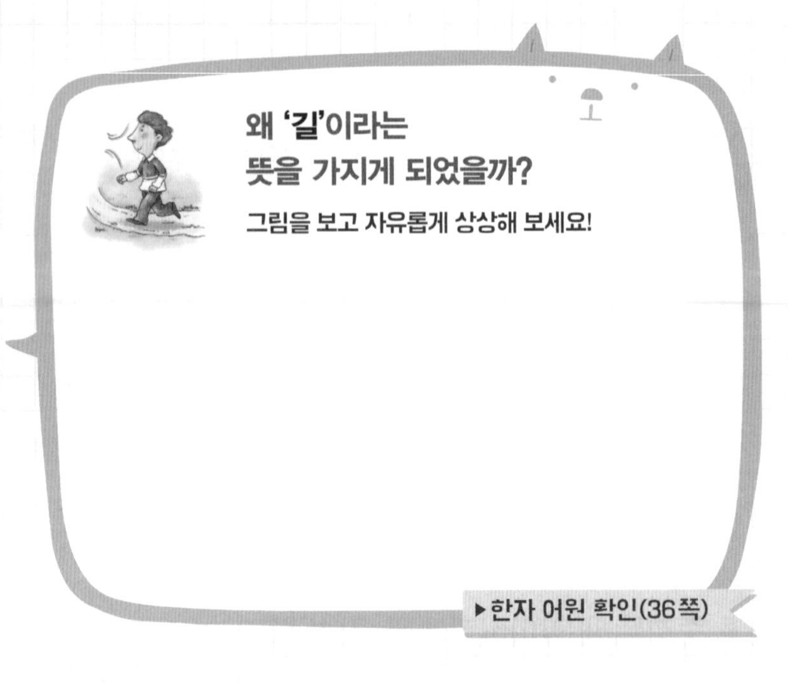

▸한자 어원 확인(36쪽)

초등 교과서 한자 어휘

교과서 한자 어휘를 소리 내어 읽고, 예문의 빈칸을 채워 보세요.

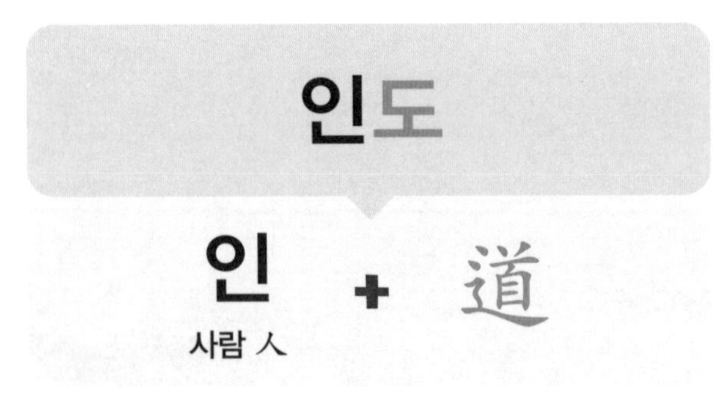

뜻 보행자의 통행에 사용하는 도로.

예문

안전을 위해 차도를 피해 ________로 이동합시다.

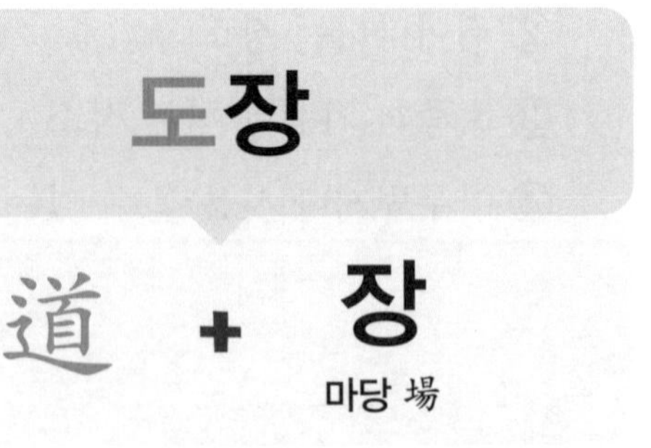

뜻 무예를 닦는 곳. 무술을 연습하는 장소.

예문

하교 후에 태권________에서 운동을 합니다.

어휘 확인 빈칸에 들어갈 알맞은 어휘를 찾아 선을 연결해 보세요.

인도 • • [   ]에서는 자전거를 타면 안 됩니다.

도장 • • 유도 시합 후에 [   ]을 깨끗하게 정리했습니다.

문해력 향상 아래 글을 읽고 질문에 답해 보세요.

지훈이는 매일 태권도 도장에서 수업을 듣고 집으로 돌아가요. 어느 날, 도장에서 집으로 가는 길에 지훈이는 무심코 차도로 걸어가고 있었어요. 그때, 지나가던 태권도 도장 차가 서더니, 관장님이 창문을 열고 지훈이를 불렀어요. "지훈아, 차도는 위험하니까 인도로 가야 해!" 지훈이는 깜짝 놀라며 고개를 끄덕였어요. '맞아, 도장에서 배운 대로 안전하게 이동해야지!' 그 후 지훈이는 태권도 도장에서 배운 안전의 중요성을 마음속에 되새기며 집에 무사히 도착했어요.

1 빈칸에 들어갈 알맞은 말을 써 보세요.

지훈이는 [ ][ ]에서 걷다가 관장님에게 혼났다.

2 지훈이가 태권도에서 배운 중요한 교훈은 무엇인가요?

① 안전의 중요성

② 강한 체력의 중요성

③ 빠른 속도로 달리는 것

④ 친구와 사이좋게 지내는 것

한자 쓰기 연습 오늘 배운 한자를 바르게 쓰며 익혀 보세요.

道 道 道 道 道 道 道 道 道 道 道 道 道

道										

뜻 ________

소리 ________

6-10 복습

월 일

1 빈칸에 공통으로 들어가는 한자를 연결해 보세요.

① □민 □내 • • 場 마당 장

② □부 □면 • • 工 장인 공

③ □부 □업 • • 內 안 내

④ □소 농□ • • 市 저자 시

⑤ 인□ □장 • • 道 길 도

2 어휘의 뜻을 읽고 어휘 열쇠를 완성해 보세요.

가로 열쇠

① 무예를 닦는 곳.
무술을 연습하는 장소.

② 학문이나 기술을 배우는 일.

세로 열쇠

③ 어떤 일이 이루어지거나 일어나는 곳.

④ 안쪽의 부분. 어떤 조직에 속하는 범위의 안.

❶	❸	■	■
■		■	■
■	■	■	❹
■	■	❷	

❸ 그림과 관련 있는 어휘를 골라 동그라미 표시해 보세요.

❶

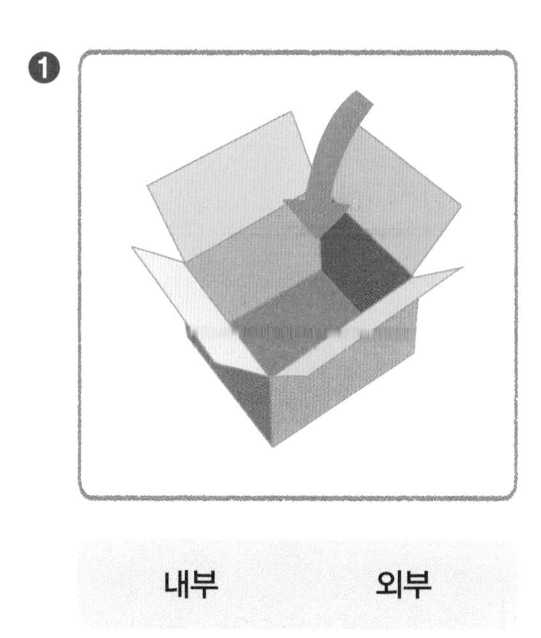

내부 외부

❷

농장 도장

❹ 문장을 읽고 빈칸에 알맞은 번호를 보기에서 찾아 써 보세요.

❶ 인도	❷ 농장	❸ 공업	❹ 내면	❺ 시내	❻ 시민

① 할아버지는 넓은 [ ] 에서 다양한 작물을 키우세요.

② 동네에 [ ] 단지가 들어서면서 일자리가 늘어나고 경제가 활성화되었어요.

③ 선거에 참여하는 것은 [ ] 으로서 중요한 권리이자 의무예요.

④ 주말마다 친구들과 번화한 [ ] 에서 쇼핑을 하곤 해요.

⑤ 겉모습만 보지 말고 [ ] 을 들여다 볼 필요가 있어요.

⑥ 학교 갈 때는 [ ] 로 안전하게 걸어가야 해요.

02과 한자 어원 확인

한자	뜻이 만들어진 배경
市 저자 시	 물건과 사람이 모여드는 모양으로 시장을 나타내는 글자로 쓰이게 되었어요.
內 안 내	 사람이 집안에 들어가는 모양이 바뀌어서 만들어졌어요.
工 장인 공	 일을 할 때 쓰는 도구의 모양이 바뀌어서 만들어졌어요. 후에 '일하는 사람(장인)'의 의미로 발전했어요.
場 마당 장	 햇볕이 잘 들고 넓은 땅이 바뀌어서 마당을 뜻하는 글자로 쓰이게 되었어요.
道 길 도	 머리를 앞으로 향하게 하고 나아가는 모습이 바뀌어서 길을 나타내는 글자로 쓰이게 되었어요.

이번 주에 학습할 한자를 보고 생각나는 어휘를 자유롭게 떠올려 보세요.

하나 한자의 뜻과 소리를 읽어 보세요.

둘 한자의 뜻이 만들어진 배경(어원)을 상상해 보세요.

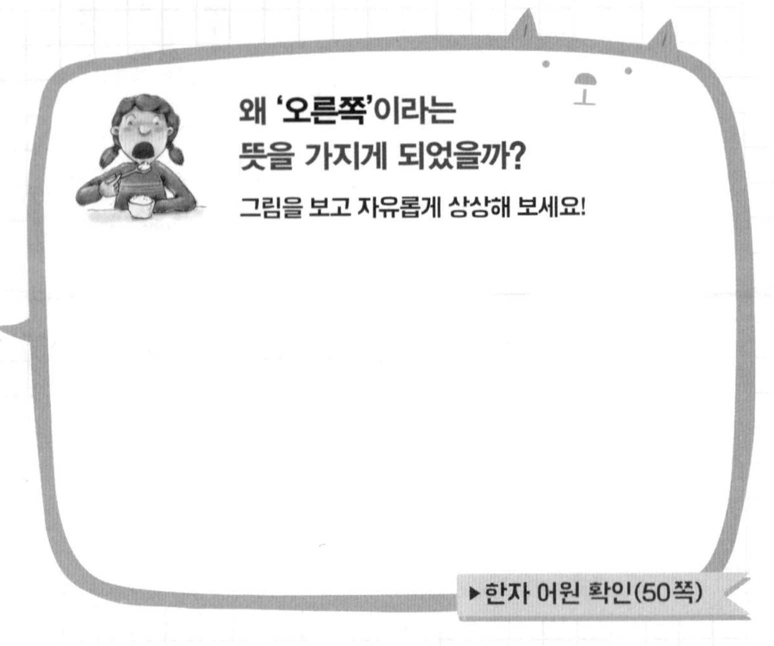

▸한자 어원 확인(50쪽)

초등 교과서 한자 어휘

교과서 한자 어휘를 소리 내어 읽고, 예문의 빈칸을 채워 보세요.

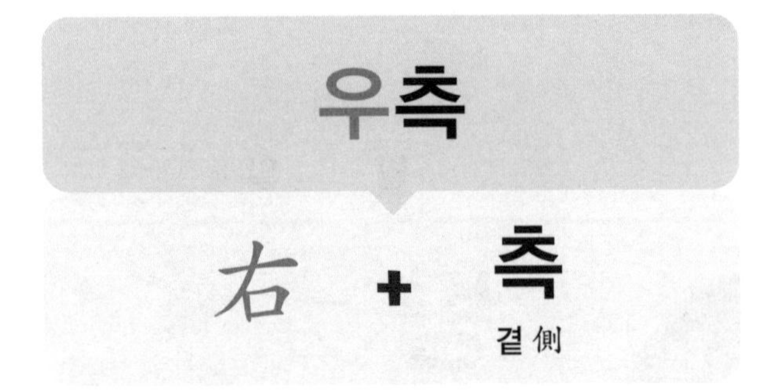

뜻 오른쪽의 옆. 오른쪽.

예문

여기에서 ________으로 돌면 마트가 있습니다.

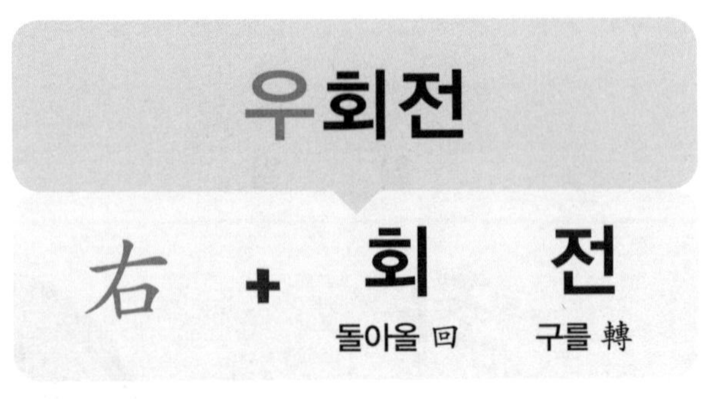

뜻 차 따위가 오른쪽으로 도는 것.

예문

사거리에서 ________해서 백 미터 정도 가면 학교입니다.

어휘 확인 빈칸에 들어갈 알맞은 어휘를 찾아 선을 연결해 보세요.

우측 •	• [　　]을 하기 위해 핸들을 오른쪽으로 움직였습니다.
우회전 •	• 길을 건널 때 좌측과 [　　] 모두 살펴봐야 합니다.

문해력 향상 아래 글을 읽고 질문에 답해 보세요.

지수는 선생님의 서류를 교무실에 전달하는 심부름을 하게 되었어요. 선생님은 친절하게 길을 설명해 주었어요. "복도 끝에 교무실이 있어요. 교실에서 나가서 바로 우회전하고, 계속 쭉~ 가면 돼요. 이걸 교무실 선생님께 전해 주세요." 지수는 선생님의 말을 잘 듣고 복도로 나갔어요. "자, 우회전!" 지수는 힘차게 우회전을 했지만, 복도 끝에는 교무실 대신 교장실이 있었어요. "어라? 여기가 아닌가?" 지수는 당황한 표정으로 교장실 문을 열었어요. "혹시 여기가 교무실인가요?" 교장 선생님은 웃으며 말했어요. "아니란다. 교무실은 교장실을 나가서 바로 우측에 있단다." 지수는 교장 선생님의 도움 덕분에 우측에 있는 교무실을 금방 찾을 수 있었어요. "감사합니다!" 지수는 서류를 무사히 전달하고, 씩씩하게 교실로 돌아갔답니다.

1. 선생님이 지수에게 맡긴 심부름은 무엇이었나요?

____

2. 지수는 교무실을 찾지 못해 처음에 어떤 방에 들어갔나요?

____

한자 쓰기 연습 오늘 배운 한자를 바르게 쓰며 익혀 보세요.

右 右 右 右 右

右

뜻 __________

소리 __________

월 일

하나 한자의 뜻과 소리를 읽어 보세요.

둘 한자의 뜻이 만들어진 배경(어원)을 상상해 보세요.

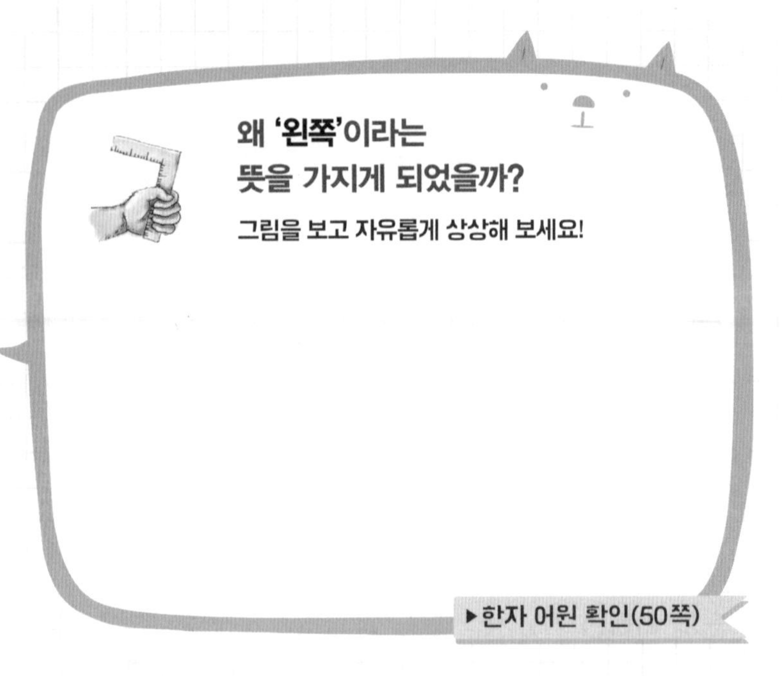

초등 교과서 한자 어휘

교과서 한자 어휘를 소리 내어 읽고, 예문의 빈칸을 채워 보세요.

좌수

左 + 수 (손 手)

뜻 왼손. 왼쪽 손.

예문

그는 원래 오른손잡이지만, 부상 후에 ________를 사용했습니다.

뜻 왼쪽과 오른쪽을 아울러 이르는 말.

예문

민아는 고개를 ________로 흔들며 거절을 표시했습니다.

어휘 확인 빈칸에 들어갈 알맞은 어휘를 찾아 선을 연결해 보세요.

좌수 •　　　　• 파도가 치자 여객선이 [　　] 로 흔들렸습니다.

좌우 •　　　　• 그는 [　　] 로 공을 던지는 투수입니다.

문해력 향상 아래 글을 읽고 질문에 답해 보세요.

야구 선수가 꿈인 지훈이는 던질 때마다 왼손으로 공을 던져 친구들을 놀라게 했어요. "왼손잡이 투수는 정말 드문데!" 친구들은 지훈이의 좌수 투구를 보고 깜짝 놀랐어요. 지훈이는 왼손으로 던지는 연습뿐만 아니라, 좌우 균형을 맞추기 위해 오른손도 꾸준히 연습했어요. 그 노력 끝에, 지훈이는 학교 대표 야구 선수가 되어 경기장에서 완벽한 좌수 투구를 선보였어요.

1 알맞은 설명을 연결해 보세요.

① 좌수 투수 •　　　　• (가) 오른손으로 공을 던지는 투수

② 우수 투수 •　　　　• (나) 왼손으로 공을 던지는 투수

2 지훈이가 학교 대표 야구 선수가 되기까지 중요하게 여긴 것은 무엇인가요?

① 왼손 투구만 연습한 것

② 오른손 투구만 연습한 것

③ 좌우 균형을 맞추는 연습을 꾸준히 한 것

④ 빠르게 던지기 위한 연습을 꾸준히 한 것

한자 쓰기 연습 오늘 배운 한자를 바르게 쓰며 익혀 보세요.

左 左 左 左 左	뜻 ______
左	소리 ______

월 일

하나 한자의 뜻과 소리를 읽어 보세요.

둘 한자의 뜻이 만들어진 배경(어원)을 상상해 보세요.

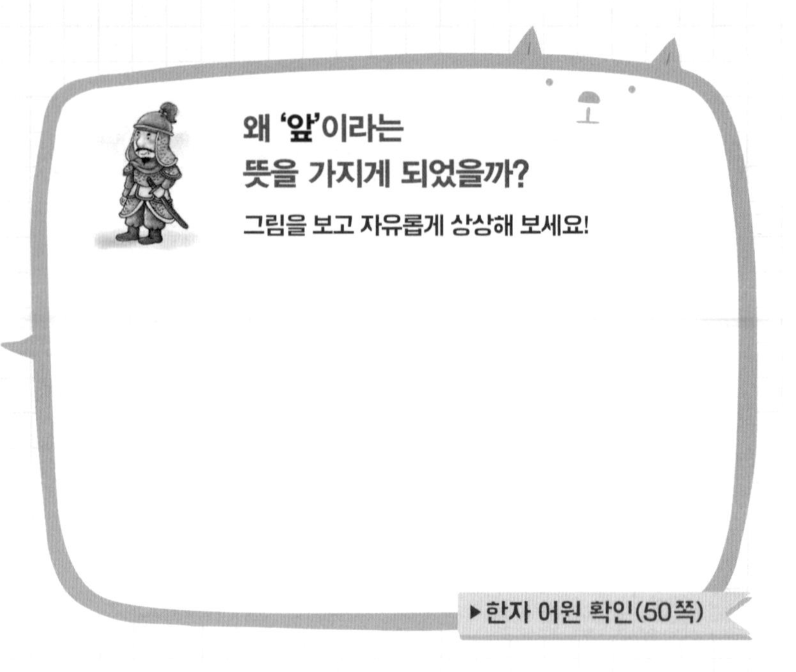

▶한자 어원 확인(50쪽)

초등 교과서 한자 어휘

교과서 한자 어휘를 소리 내어 읽고, 예문의 빈칸을 채워 보세요.

전후

前 + 후 (뒤 後)

뜻 앞과 뒤. 먼저와 나중.

예문

________ 사정을 듣고 나니 친구의 입장이 이해됩니다.

뜻 일이 일어나기 전. 또는 일을 시작하기 전.

예문

콘서트의 ________ 예매가 시작되었습니다.

어휘 확인 빈칸에 들어갈 알맞은 어휘를 찾아 선을 연결해 보세요.

전후 •	• 퇴근 시간 ☐ 에는 도로가 매우 혼잡합니다.
사전 •	• 실수가 없도록 ☐ 에 준비를 철저히 했습니다.

문해력 향상 아래 글을 읽고 질문에 답해 보세요.

소풍 가기 전, 선생님이 사전 안내장을 보내서 꼭 돗자리를 챙기라고 했어요. 하지만 민수는 돗자리를 깜빡 잊고 말았어요. 소풍 당일, 돗자리가 없다는 사실을 알게 된 민수는 당황했지만, 친구들과 머리를 맞대어 재미있는 아이디어를 냈어요. 바로, 큰 담요를 꺼내 함께 앉을 자리를 만드는 것이었어요. 그렇게 민수와 친구들은 활동 전후로 서로 도우며, 돗자리가 없어도 오히려 더 즐거운 추억을 만들어 갔어요.

1 선생님이 챙기라고 했던 준비물은 무엇이었나요?

____

2 민수와 친구들은 돗자리가 없는 상황을 어떻게 해결했나요?

① 소풍을 취소했다.
② 돗자리를 사러 갔다.
③ 선생님께 돗자리를 빌렸다.
④ 아이디어를 내서 큰 담요를 꺼내 자리를 만들었다.

한자 쓰기 연습 오늘 배운 한자를 바르게 쓰며 익혀 보세요.

前 前 前 前 前 前 前 前 前

前

뜻 __________

소리 __________

월 일

하나 한자의 뜻과 소리를 읽어 보세요.

둘 한자의 뜻이 만들어진 배경(어원)을 상상해 보세요.

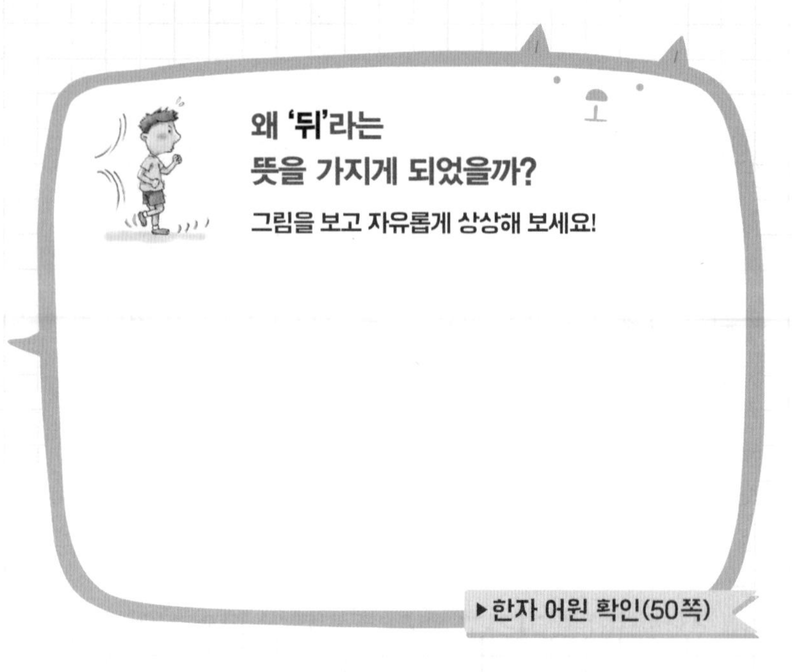

▸한자 어원 확인(50쪽)

초등 교과서 한자 어휘

교과서 한자 어휘를 소리 내어 읽고, 예문의 빈칸을 채워 보세요.

후세

後 + 세 (인간 世)

뜻 다음에 오는 세상. 또는 다음 세대의 사람들.

예문

아름다운 자연을 ________에게 물려줘야 합니다.

후식

뜻 식사 뒤에 드는, 간단히 먹을 것.

예문

밥을 먹고 ________까지 먹었더니 배가 빵빵해졌습니다.

어휘 확인 빈칸에 들어갈 알맞은 어휘를 찾아 선을 연결해 보세요.

후세	● ●	레스토랑에서 [ ]으로 망고 아이스크림이 나왔습니다.
후식	● ●	그는 위대한 발명품을 만들어 [ ]에 이름을 남겼습니다.

문해력 향상 아래 글을 읽고 질문에 답해 보세요.

오늘 우리 반은 '환경 지키미 활동'을 했어요. 우리는 운동장으로 나가 학교 화단의 쓰레기를 줍기 시작했어요. 그때 선생님이 이렇게 말했어요. "깨끗한 자연을 후세에도 물려줘야 한단다. 이런 작은 행동이 세상을 바꿀 수 있지." 친구들과 힘을 모아 쓰레기를 줍고 나니 마음이 뿌듯했어요. 활동이 끝나고, 우리는 모두 함께 점심을 먹었어요. 밥을 다 먹은 뒤에는 후식으로 시원한 아이스크림도 나왔어요. 입도 마음도 달콤했던, 기분 좋은 하루였어요.

1 '환경 지키미 활동'을 하면서 선생님이 했던 말로 알맞은 것은 무엇인가요?

① "쓰레기는 나중에 치워도 괜찮아."
② "친구끼리 싸우지 말아야 한다."
③ "작은 행동이 세상을 바꿀 수 있어."
④ "후세에는 자연을 버려도 된다."

2 우리 반이 '환경 지키미 활동'을 한 이유를 한 문장으로 써 보세요.

____

한자 쓰기 연습 오늘 배운 한자를 바르게 쓰며 익혀 보세요.

後 後 後 後 後 後 後 後 後

後

뜻 ____________

소리 ____________

월 일

하나 한자의 뜻과 소리를 읽어 보세요.

둘 한자의 뜻이 만들어진 배경(어원)을 상상해 보세요.

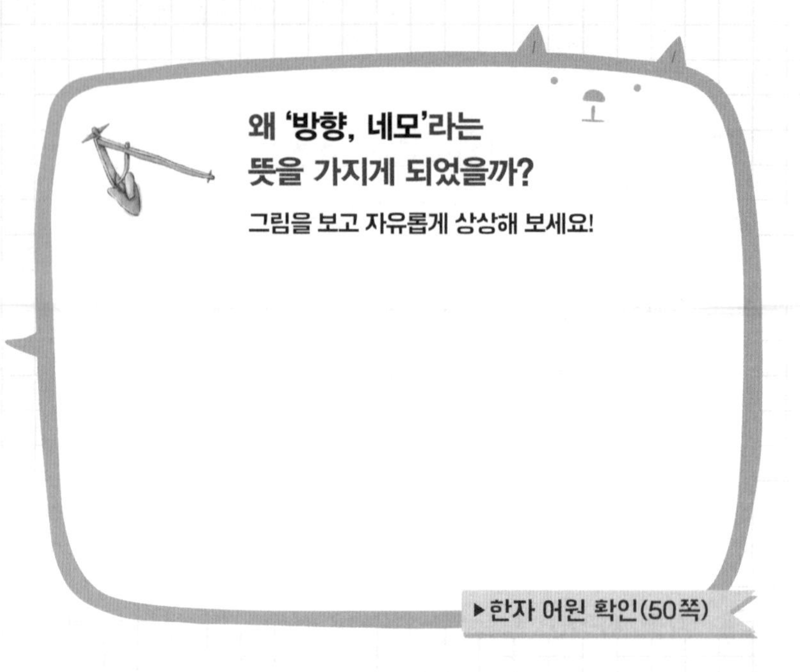

▶한자 어원 확인(50쪽)

초등 교과서 한자 어휘

교과서 한자 어휘를 소리 내어 읽고, 예문의 빈칸을 채워 보세요.

방면

方 + 면 (낯 面)

뜻 어떤 지역이 있는 방향. 또는 그 일대. 어떤 전문 분야.

예문

아버지는 이 ________의 최고 전문가입니다.

사방

사 (넉 四) + 方

뜻 방위. 동 · 서 · 남 · 북 네 가지 방향. 여러 곳.

예문

낮이 되니 ________에서 빛이 쏟아져 들어옵니다.

어휘 확인 빈칸에 들어갈 알맞은 어휘를 찾아 선을 연결해 보세요.

방면	• •	종소리가 [ ]으로 울려 퍼집니다.
사방	• •	형은 여러 [ ]에 두루 관심이 많습니다.

문해력 향상 아래 글을 읽고 질문에 답해 보세요.

민수와 친구들은 학교 운동회를 준비하면서 여러 방면으로 열심히 연습했어요. 민수는 빨리 달리는 법을, 준호는 멀리 던지는 법을 집중적으로 연습했지요. 운동회 날, 운동장의 사방에서 들려오는 친구들의 응원 소리가 모두의 마음을 더욱 북돋았어요. 오후에는 모두가 함께 즐길 수 있는 보물찾기 경기가 시작되었어요. 민수와 친구들은 팀을 만들어 운동장의 사방을 헤매며 보물을 찾기 시작했어요. 마침내 민수 팀은 가장 먼저 보물을 찾아냈고, 친구들은 기뻐서 서로를 끌어안으며 환호했지요. 모두가 힘을 합쳐 만든 멋진 하루는 오래도록 기억에 남을 거예요.

1 보물찾기 경기가 시작되었을 때, 민수와 친구들은 어떤 행동을 했나요?

____

2 운동회 준비 과정에서 민수와 준호는 어떤 특기를 연습했나요?

① 민수 : 나는 ______________을 연습했어.

② 준호 : 나는 ______________을 연습했어.

한자 쓰기 연습 오늘 배운 한자를 바르게 쓰며 익혀 보세요.

方 方 方 方

方

뜻 __________

소리 __________

11-15 복습

월 일

1 빈칸에 공통으로 들어가는 한자를 연결해 보세요.

① □측 □회전 •　　　　• 前 앞 전

② □수 □우 •　　　　• 右 오른 우

③ □후 사□ •　　　　• 左 왼 좌

④ □세 □식 •　　　　• 後 뒤 후

⑤ □면 사□ •　　　　• 方 모 방

2 어휘의 뜻을 읽고 어휘 열쇠를 완성해 보세요.

가로 열쇠

① 차 따위가 오른쪽으로 도는 것.

② 왼쪽과 오른쪽을 아울러 이르는 말.

세로 열쇠

③ 앞과 뒤. 먼저와 나중.

④ 오른쪽의 옆. 오른쪽.

■	❶		❸
■	■	■	
❷	❹	■	■
■		■	■

③ 그림과 관련 있는 어휘를 골라 동그라미 표시해 보세요.

❶

좌회전　　우회전

❷

아침밥　　후식

④ 문장을 읽고 빈칸에 알맞은 번호를 보기에서 찾아 써 보세요.

❶ 사방	❷ 방면	❸ 후식	❹ 후세	❺ 사전	❻ 좌수

① 민아는 연필을 잡을 때 [　　] 를, 이를 닦을 때 우수를 사용해요.

② [　　] 이 막혀 있는 공간에서는 답답함을 느끼기 쉬워요.

③ 식사를 마치고 달콤한 케이크를 [　　] 으로 즐겼어요.

④ 영어 단어 시험을 앞두고 [　　] 에 미리미리 공부했어요.

⑤ 우리의 작은 행동이 [　　] 에 큰 영향을 미칠 수 있어요.

⑥ 천호는 여러 [　　] 에서 경험을 쌓아 다재다능한 전문가가 되었어요.

03과 한자 어원 확인

한자	뜻이 만들어진 배경
右 오른 우	오른손으로 밥을 먹는 모습이 바뀌어서 만들어졌어요.
左 왼 좌	왼손에 자를 들고 있는 모습이 바뀌어서 만들어졌어요.
前 앞 전	갑옷을 입고 칼을 찬 장수가 앞장서는 모습이 바뀌어서 만들어졌어요.
後 뒤 후	종종걸음으로 뒷걸음질치는 모습이 바뀌어서 만들어졌어요. 뒷걸음질치면 조금밖에 나아가지 못하므로 '나중, 뒤'의 뜻이 되었어요.
方 모 방	소가 끄는 쟁기의 모습이 바뀌어서 만들어졌어요. 소가 일정한 방향으로 나아가기 때문에 '방향'이란 뜻과 함께, 밭이 사각형이기 때문에 '네모'의 뜻이 생겼어요.

이번 주에 학습할 한자를 보고 생각나는 어휘를 자유롭게 떠올려 보세요.

월 일

하나 한자의 뜻과 소리를 읽어 보세요.

둘 한자의 뜻이 만들어진 배경(어원)을 상상해 보세요.

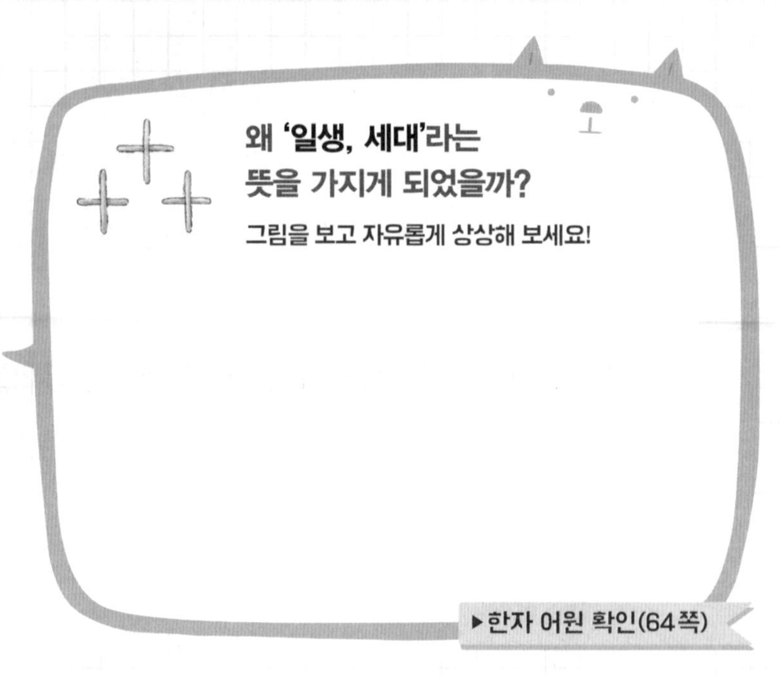

▶한자 어원 확인(64쪽)

초등 교과서 한자 어휘

교과서 한자 어휘를 소리 내어 읽고, 예문의 빈칸을 채워 보세요.

세상

世 + 상 (윗 上)

뜻 사람이 살고 있는 모든 사회를 이르는 말. 사는 동안.

예문

나는 ________에서 우리 할아버지가 제일 좋습니다.

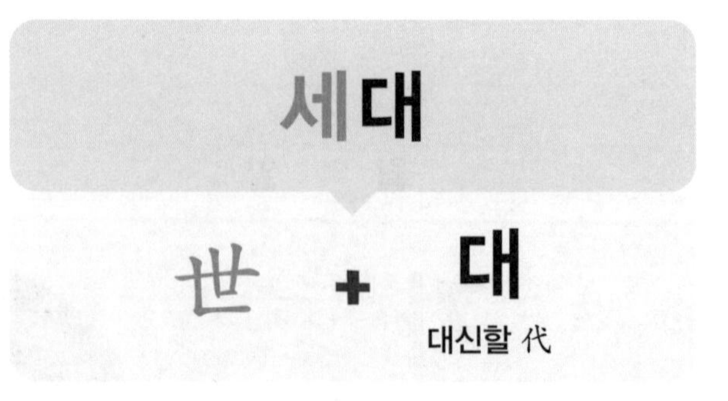

세대

世 + 대 (대신할 代)

뜻 같은 시대에 살면서 공통의 생각을 가지는 비슷한 나이의 사람 전체.

예문

부모님과 나는 ________ 차이를 느낄 때가 있습니다.

어휘 확인 빈칸에 들어갈 알맞은 어휘를 찾아 선을 연결해 보세요.

세상 • • [   ] 간의 갈등을 줄이기 위해 대화가 필요합니다.

세대 • • 여행을 다녀와서 [   ]을 보는 시야가 넓어졌습니다.

문해력 향상 아래 글을 읽고 질문에 답해 보세요.

민수는 어느 날 TV에서 '세상의 유명한 놀이동산 이야기'를 보게 되었어요. 특히 다양한 세대가 모두 즐겨 찾는다는 '무지개랜드'가 너무나 신기해 보여서, 친구들과 함께 가기로 약속했지요. 마침내 소풍 날이 되자, 민수와 친구들은 버스를 타고 신나게 노래 부르며 놀이동산으로 출발했어요. 민수는 도착하자마자 롤러코스터와 회전목마에 줄을 서고, 달콤한 솜사탕도 잊지 않았어요. 준호는 번쩍이는 귀신의 집까지 도전해 모두를 깜짝 놀라게 했어요. 민수는 집으로 돌아오는 길에 "세상에 이렇게 재미있는 곳이 또 있을까?"라며 행복한 마음으로 하루를 마무리했어요.

❶ 민수가 놀이동산에 도착하자마자 한 행동은 무엇인가요?

____

❷ 준호가 도전한 것은 무엇이었나요?

____

한자 쓰기 연습 오늘 배운 한자를 바르게 쓰며 익혀 보세요.

世 世 世 世 世

世

뜻 ____________

소리 ____________

하나 한자의 뜻과 소리를 읽어 보세요.

둘 한자의 뜻이 만들어진 배경(어원)을 상상해 보세요.

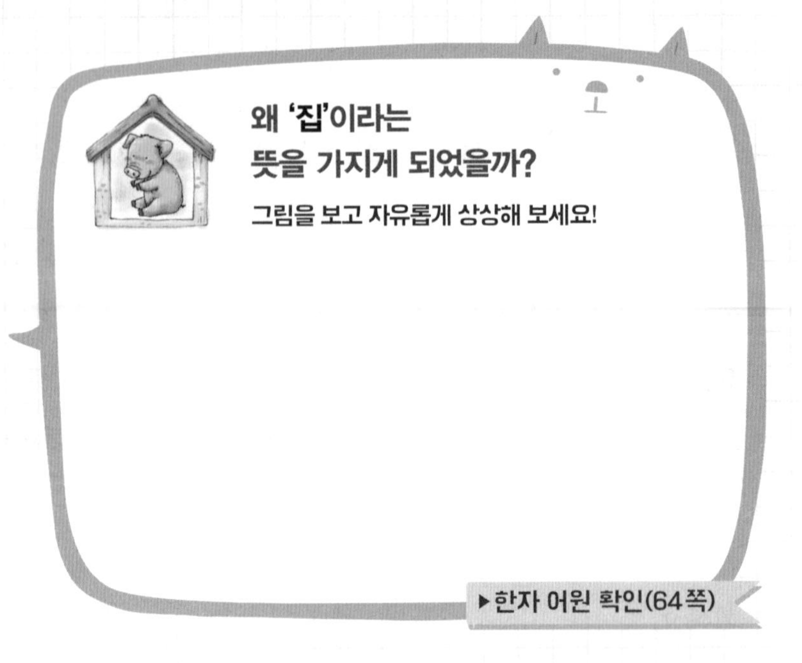

▸한자 어원 확인(64쪽)

초등 교과서 한자 어휘

교과서 한자 어휘를 소리 내어 읽고, 예문의 빈칸을 채워 보세요.

가문

家 + 문 (문 門)

뜻 가족 또는 가까운 친척으로 이루어진 공동체. 집안 대대로 내려오는 신분.

예문

나는 우리 ________을 자랑스럽게 생각합니다.

가사

뜻 살림살이에 관한 일. 집안의 사사로운 일.

예문

우리 집 ________는 아버지가 도맡아 하십니다.

어휘 확인 빈칸에 들어갈 알맞은 어휘를 찾아 선을 연결해 보세요.

가문 •	• 아내와 남편은 퇴근 후에 [　　] 를 분담하고 있습니다.
가사 •	• 그녀는 예술을 중시하는 [　　] 에서 자랐습니다.

문해력 향상 아래 글을 읽고 질문에 답해 보세요.

민수네 집은 가족 구성원 모두가 가사를 분담해요. 아버지는 화장실 청소를 전담하고, 어머니는 빨래와 설거지를 맡으며, 민수는 장난감 정리를 책임져요. 할머니도 집안 곳곳을 돌며 부족한 가사를 거들어 주어서 집이 늘 깔끔해요. 어떤 일이든 온 가족이 힘을 모아 협력하는 것이 우리 가문의 가장 큰 자랑이지요. 그래서 민수는 가족과 함께 협력하는 순간들이 늘 신나고 즐거워요.

1 민수네 가족이 각자 맡은 집안일은 무엇인가요?

① 아버지: ________ ② 어머니: ________

③ 민수: ________ ④ 할머니: ________

2 이야기에서 '협력'은 어떤 의미로 사용되었나요?

① 집안일을 하지 않는 것

② 각자 따로 집안일을 하는 것

③ 서로 도우며 집안일을 하는 것

④ 가족과 이야기를 나누는 것

한자 쓰기 연습 오늘 배운 한자를 바르게 쓰며 익혀 보세요.

家 家 家 家 家 家 家 家 家 家

家

뜻 ________

소리 ________

하나 한자의 뜻과 소리를 읽어 보세요.

둘 한자의 뜻이 만들어진 배경(어원)을 상상해 보세요.

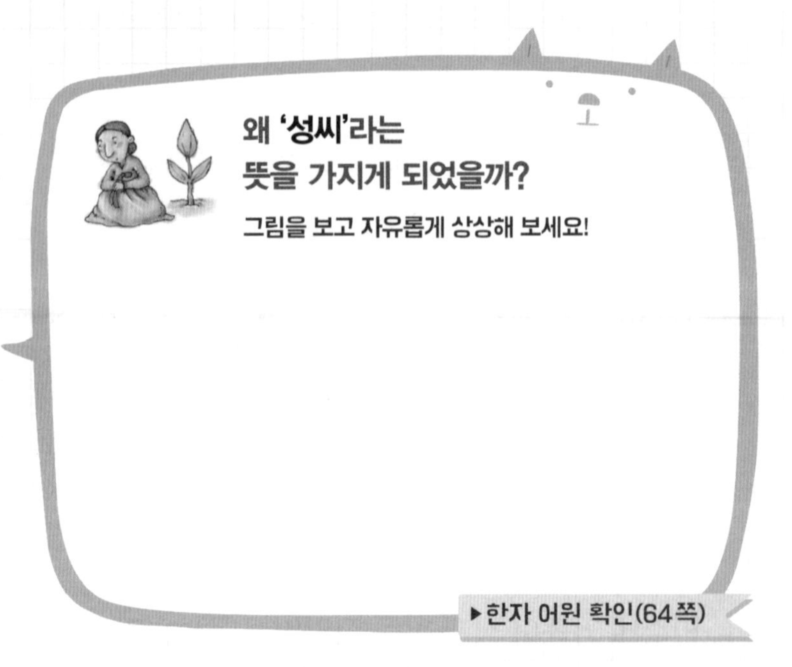

▸한자 어원 확인(64쪽)

초등 교과서 한자 어휘

교과서 한자 어휘를 소리 내어 읽고, 예문의 빈칸을 채워 보세요.

성명

姓 + 명 (이름 名)

뜻 성과 이름.

예문

신청서에 주소와 ________ 을 기입했습니다.

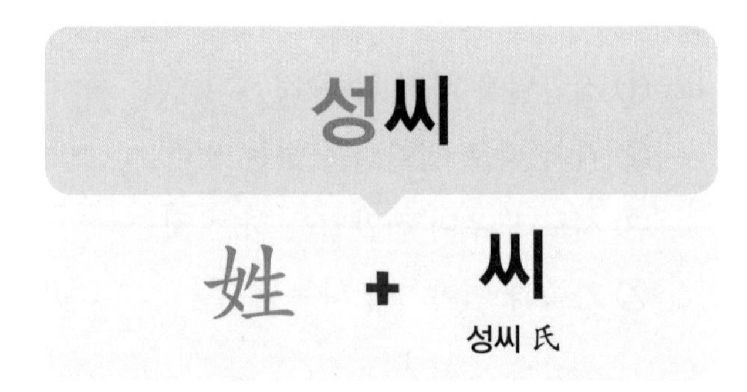

뜻 성을 높여 부르는 말.

예문

우리나라 ________ 중에서 김, 이, 박씨가 가장 많습니다.

어휘 확인 빈칸에 들어갈 알맞은 어휘를 찾아 선을 연결해 보세요.

성명 •	•	이 마을에는 같은 [ ]를 가진 사람들이 살고 있습니다.
성씨 •	•	서류의 [ ]란에 이름을 적어 주십시오.

문해력 향상 아래 글을 읽고 질문에 답해 보세요.

하루는 학교 숙제로 자신의 성명과 성씨에 얽힌 이야기를 조사하게 되었어요. 하루의 성씨인 '김'은 옛날 용감한 장군이 금빛 칼을 얻어 지켰다는 전설에서 유래했다고 해요. 하루의 이름은 아버지와 할아버지가 산 꼭대기에서 떠오르는 첫 해를 보고 "하루 하루를 행복하고 소중하게 살면 좋겠다"라며 지어준 거래요. "내 이름은 그냥 글자 몇 개가 아니라, 가문과 전설의 이야기가 담긴 소중한 보물이구나!" 그 후로 하루는 자기 성씨와 성명을 더 자랑스럽게 생각하며, 친구들에게도 이야기해 주었어요.

1 하루의 성씨 '김'은 어떤 전설과 관련이 있나요?

____

2 하루는 자신의 성씨와 이름을 어떻게 느꼈나요?

① 자기 성씨와 이름이 보통이라고 생각했다.
② 자기 성씨와 이름이 특이하다고 생각했다.
③ 자기 성씨와 이름이 별로 중요하지 않다고 생각했다.
④ 자기 성씨와 이름이 가문과 전설의 이야기가 담긴 소중한 보물이라고 생각했다.

한자 쓰기 연습 오늘 배운 한자를 바르게 쓰며 익혀 보세요.

姓 姓 姓 姓 姓 姓 姓 姓

姓

뜻 ______

소리 ______

월 일

하나 한자의 뜻과 소리를 읽어 보세요.

둘 한자의 뜻이 만들어진 배경(어원)을 상상해 보세요.

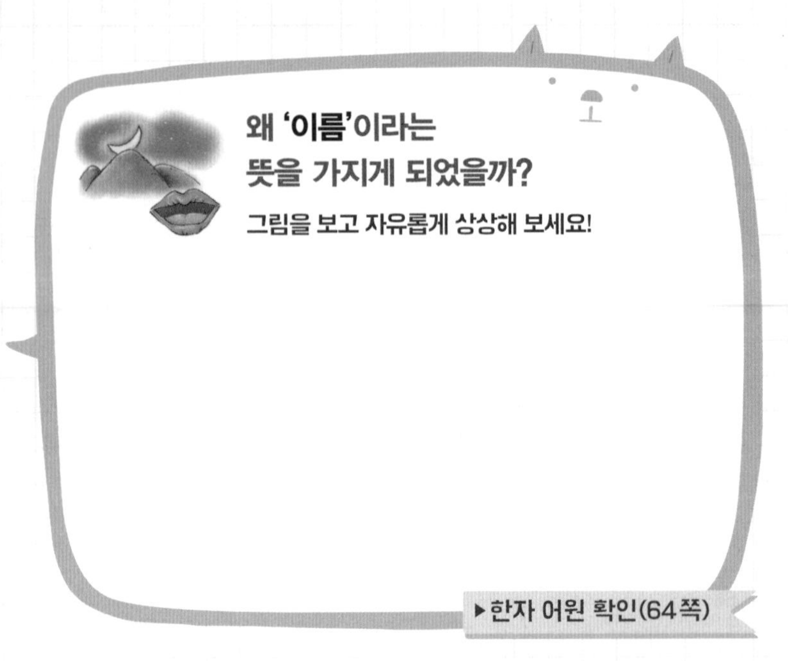

▸한자 어원 확인(64쪽)

초등 교과서 한자 어휘

교과서 한자 어휘를 소리 내어 읽고, 예문의 빈칸을 채워 보세요.

명문

名 + 문 (글월 文)

뜻 뛰어나게 잘 지은 글. 이름난 글.

예문

이 책에 문학적으로 뛰어난 ________이 많습니다.

인명

뜻 사람의 이름.

예문

________은 사람의 이름이고, 지명은 장소의 이름입니다.

어휘 확인 빈칸에 들어갈 알맞은 어휘를 찾아 선을 연결해 보세요.

명문	• •	☐을 필사하며 글쓰기 실력을 키웁니다.
인명	• •	선거☐부에 선거권을 가진 사람이 써 있습니다.

문해력 향상 아래 글을 읽고 질문에 답해 보세요.

민수는 도서관에서 고전을 읽던 중, 눈길을 끄는 책 한 권을 발견했어요. 약 이천 년 전 살았던 지혜로운 학자, 공자의 명문이 담긴 책이었지요. 명문 속에는 "지식은 나누어야 빛난다"는 공자의 가르침이 담겨 있었어요. 민수는 이 책을 읽고 감명을 받아, 책에서 배운 내용을 학교 친구들에게도 알려 주기로 결심했어요. 그날 이후 민수는 공자의 명문과 인명을 마음에 새기며, 친구들과 함께 공부하고 배우는 기쁨을 느꼈어요.

1 민수가 발견한 명문을 적은 학자는 누구인가요?

____

2 민수가 공자의 명문을 읽고 결심한 것은 무엇인가요?

① 책을 더 많이 읽기로 결심했다.
② 친구들과 함께 놀기로 결심했다.
③ 다른 책을 더 찾아보겠다고 결심했다.
④ 친구들에게 배운 내용을 알려 주기로 결심했다.

한자 쓰기 연습 오늘 배운 한자를 바르게 쓰며 익혀 보세요.

名 名 名 名 名 名

名

뜻 ____________

소리 ____________

월 일

하나 한자의 뜻과 소리를 읽어 보세요.

둘 한자의 뜻이 만들어진 배경(어원)을 상상해 보세요.

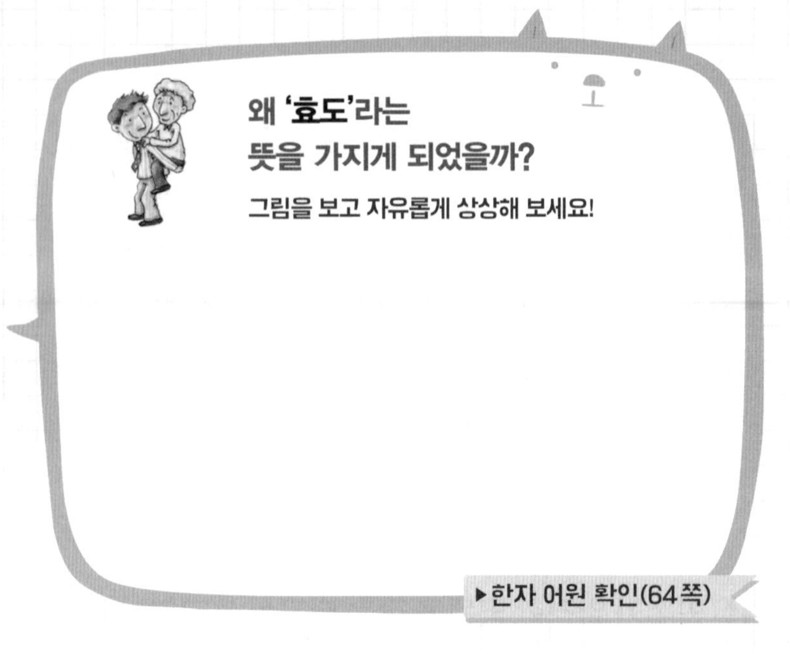

▶한자 어원 확인(64쪽)

초등 교과서 한자 어휘

교과서 한자 어휘를 소리 내어 읽고, 예문의 빈칸을 채워 보세요.

효도

孝 + 도
길 道

뜻 부모를 정성껏 잘 모시고 받드는 일.

예문

저는 커서 부모님께 ________ 할 것입니다.

효녀

孝 + 녀
여자 女

뜻 부모님께 효도하는 딸.

예문

그녀는 부모님을 정성껏 돌보는 ________ 로 유명합니다.

어휘 확인 빈칸에 들어갈 알맞은 어휘를 찾아 선을 연결해 보세요.

효도 •	• 옛날부터 부모를 잘 모시는 사람을 ☐, 효자라 불렀습니다.
효녀 •	• 부모님의 은혜에 보답하여 ☐를 실천할 것입니다.

문해력 향상 아래 글을 읽고 질문에 답해 보세요.

민수는 동화책에서 '효녀 심청' 이야기를 읽고 깊은 감명을 받았어요. 심청이가 눈 먼 아버지를 위해 바다에 몸을 던지며 효도를 실천하는 모습을 보고, 민수는 진정한 사랑의 의미를 생각하게 되었지요. 그러던 어느 날, 민수는 아픈 엄마를 위해 요리를 하고 방을 정리하며 작은 효도를 실천하기 시작했어요. 엄마는 그런 민수를 보며 "우리 집에 심청이가 살고 있네!"라며 기뻐했어요. 민수는 그날부터 매일 엄마를 도우며, 심청처럼 진정한 효를 실천하겠다고 결심했어요.

1 심청이가 실천한 효도(孝道)는 무엇이었나요?

① 어머니를 위해 음식을 준비했어요.

② 아버지를 위해 바다에 몸을 던졌어요.

③ 아버지를 위해 돈을 벌었어요.

④ 아버지를 위해 빨래를 했어요.

2 민수가 엄마를 위해 실천한 효도(孝道)는 무엇이었나요?

____

한자 쓰기 연습 오늘 배운 한자를 바르게 쓰며 익혀 보세요.

孝 孝 孝 孝 孝 孝 孝

孝

뜻 ____________

소리 ____________

월 일

16-20 복습

1 빈칸에 공통으로 들어가는 한자를 연결해 보세요.

① □상 □대
② □문 □사
③ □명 □씨
④ □문 인□
⑤ □도 □녀

家 집 가
世 인간 세
孝 효도 효
姓 성씨 성
名 이름 명

2 어휘의 뜻을 읽고 어휘 열쇠를 완성해 보세요.

가로 열쇠

① 성과 이름.

② 가족 또는 가까운 친척으로 이루어진 공동체. 집안 대대로 내려오는 신분.

세로 열쇠

③ 사람의 이름.

④ 뛰어나게 잘 지은 글. 이름난 글.

	③		
①			④
		②	

③ 그림과 관련 있는 어휘를 골라 동그라미 표시해 보세요.

❶

가사　　회사

❷

효녀　　가문

④ 문장을 읽고 빈칸에 알맞은 번호를 보기에서 찾아 써 보세요.

❶ 효도	❷ 효녀	❸ 성씨	❹ 가사	❺ 세대	❻ 세상

① 맞벌이 부부가 협력해서 [　　] 를 분담하고 있어요.

② 부모님께 따뜻한 말을 건네는 것도 [　　] 하는 것이에요.

③ 우리는 어릴 때부터 컴퓨터 사용에 익숙한 [　　] 예요.

④ 넓은 [　　] 을 경험하고 싶어서 해외 여행을 떠나기로 했어요.

⑤ 나의 [　　] 는 드물어서 우리 반에는 같은 성을 가진 친구가 없어요.

⑥ 그녀는 부모님을 정성껏 모시는 [　　] 로 소문이 났어요.

04과 한자 어원 확인

한자	뜻이 만들어진 배경	
世 인간 세		열 십(十)자 세 개를 묶은 모양이 바뀌어서 만들어졌어요. 한 세대를 대략 30년으로 봐서 '세대'를 뜻하게 되었어요.
家 집 가		집 안에 돼지가 있는 모양이 바뀌어서 만들어졌어요.
姓 성씨 성		여성의 출산을 통해 성씨를 부여받는 것을 의미하여 만들어졌어요.
名 이름 명		깜깜한 밤에 상대방에게 자기 이름을 말하는 모습이 바뀌어서 만들어졌어요.
孝 효도 효		자식이 부모를 업고 있는 모양이 바뀌어서 만들어졌어요. 이것이 '효도'를 뜻하게 되었어요.

이번 주에 학습할 한자를 보고 생각나는 어휘를 자유롭게 떠올려 보세요.

월 일

하나 한자의 뜻과 소리를 읽어 보세요.

둘 한자의 뜻이 만들어진 배경(어원)을 상상해 보세요.

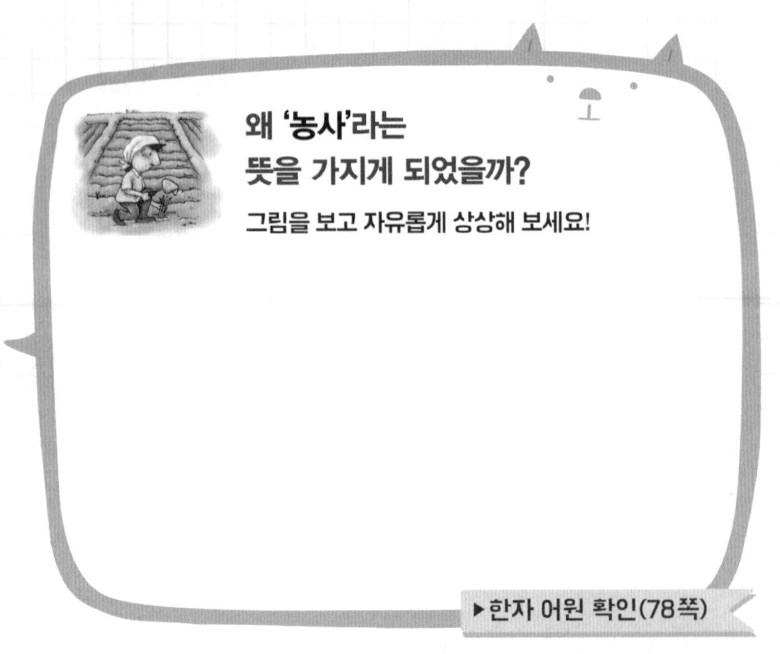

초등 교과서 한자 어휘

교과서 한자 어휘를 소리 내어 읽고, 예문의 빈칸을 채워 보세요.

농부

農 + 부
지아비 夫

뜻 농사짓는 일을 직업으로 하는 사람.

예문

_________가 새벽부터 부지런히 밭을 갈고 있습니다.

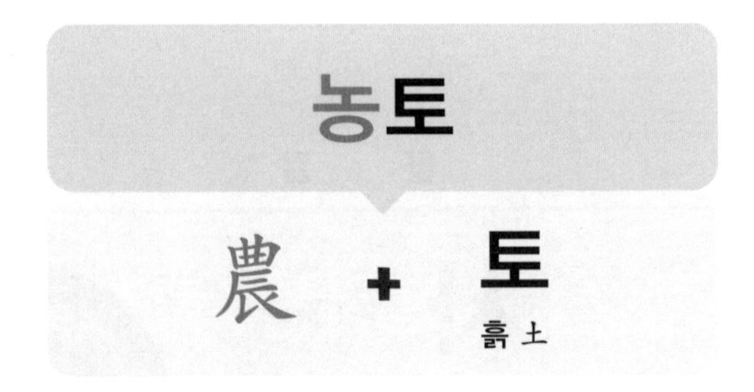

뜻 농사짓는 땅.

예문

할아버지는 거친 땅을 비옥한 _________로 가꾸었습니다.

어휘 확인 빈칸에 들어갈 알맞은 어휘를 찾아 선을 연결해 보세요.

농부 •	• 기름진 [ ] 에서 탐스러운 곡식이 자랐습니다.
농토 •	• 가뭄이 들자, [ ] 는 하늘만 바라보며 비를 기다렸습니다.

문해력 향상 아래 글을 읽고 질문에 답해 보세요.

한 농부가 아침부터 부지런히 농토에 씨를 뿌리고 물을 주었어요. 그런데 며칠 뒤, 씨앗이 싹을 틔우기도 전에 참새들이 날아와 자꾸 쪼아 먹는 것이었어요. 농부는 참새들이 오지 못하도록 허수아비를 세웠지만, 참새들은 겁도 없이 돌아왔어요. 화가 난 농부는 주변에서 낡은 냄비를 찾아내 걸어 놓고, 참새들이 올 때마다 쨍그랑 소리를 내며 쫓기 시작했지요. 그제서야 참새들은 놀라 달아났고, 농부의 농토는 다시 평화를 되찾았어요.

1 농부는 왜 화가 났나요?

____

2 농부가 참새를 쫓기 위해 사용한 도구는 무엇이었나요?

① 징
② 호미
③ 허수아비
④ 낡은 냄비

한자 쓰기 연습 오늘 배운 한자를 바르게 쓰며 익혀 보세요.

農 農 農 農 農 農 農 農 農 農 農 農 農

農

뜻 ____________

소리 ____________

월 일

하나 한자의 뜻과 소리를 읽어 보세요.

둘 한자의 뜻이 만들어진 배경(어원)을 상상해 보세요.

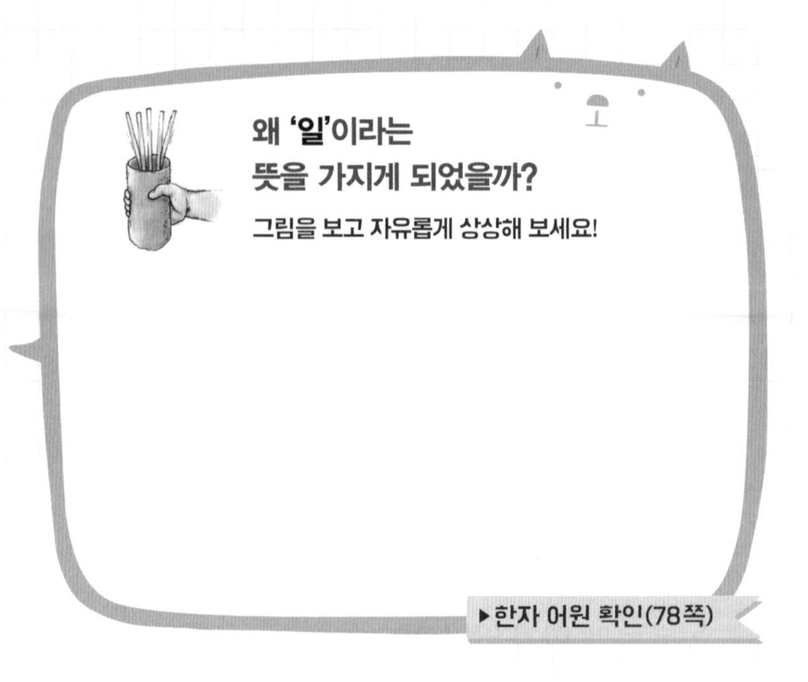

▸한자 어원 확인(78쪽)

초등 교과서 한자 어휘

교과서 한자 어휘를 소리 내어 읽고, 예문의 빈칸을 채워 보세요.

사후

事 + 후 (뒤 後)

뜻 일이 끝난 뒤. 또는 일을 끝낸 뒤.

예문

사전은 일이 있기 전이고, ________는 일이 있은 후 입니다.

농사

농 (농사 農) + 事

뜻 씨나 모종을 심어 기르고 거두는 일.

예문

해마다 ________철이 되면 일손이 부족합니다.

어휘 확인 빈칸에 들어갈 알맞은 어휘를 찾아 선을 연결해 보세요.

사후	•	• [ ]를 지으려면 많은 시간과 정성이 필요합니다.
농사	•	• 체험학습이 끝나고 우리는 [ ] 활동으로 발표를 했습니다.

문해력 향상 아래 글을 읽고 질문에 답해 보세요.

농부는 농사를 짓는 동안 작년보다 더 많은 씨앗을 심었어요. 올해는 비도 잘 오고 날씨가 좋아서, 농작물이 잘 자랄 거라 기대했지요. 그렇게 한바탕 농사가 끝난 후, 농부는 사후 관리를 하지 않았고, 밭에는 잡초가 무성해졌어요. 농부는 그제서야 깨달았어요. "농사는 잘 됐어도 사후 관리가 중요하구나." 그 뒤로 농부는 추수를 끝내고도 밭을 돌보며 항상 깨끗하게 유지했어요.

❶ 농부가 깨달은 중요한 점은 무엇인가요?

____

❷ 사후 관리의 중요성을 깨달은 농부는 어떤 행동을 했나요?

① 농사를 짓지 않기로 했다.
② 농작물을 조금만 심기로 했다.
③ 추수 후에도 밭을 돌보며 깨끗하게 유지했다.
④ 이번은 어쩔 수 없으니, 내년부터 밭을 돌보기로 했다.

한자 쓰기 연습 오늘 배운 한자를 바르게 쓰며 익혀 보세요.

事 事 事 事 事 事 事 事

事

뜻 ____________

소리 ____________

월 일

하나 한자의 뜻과 소리를 읽어 보세요.

둘 한자의 뜻이 만들어진 배경(어원)을 상상해 보세요.

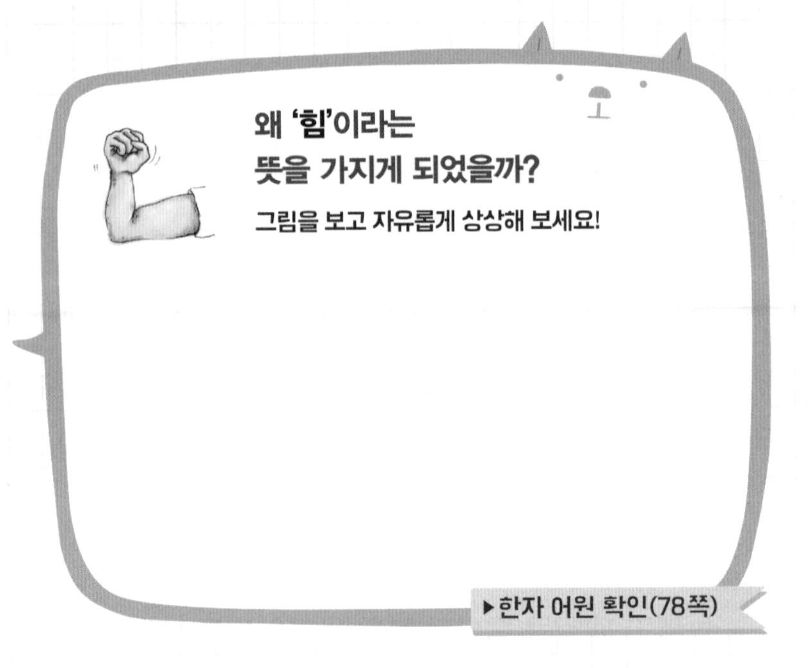

* 낱말 맨 앞에 올 때 '역'이라고 읽어요.

▸한자 어원 확인(78쪽)

초등 교과서 한자 어휘

교과서 한자 어휘를 소리 내어 읽고, 예문의 빈칸을 채워 보세요.

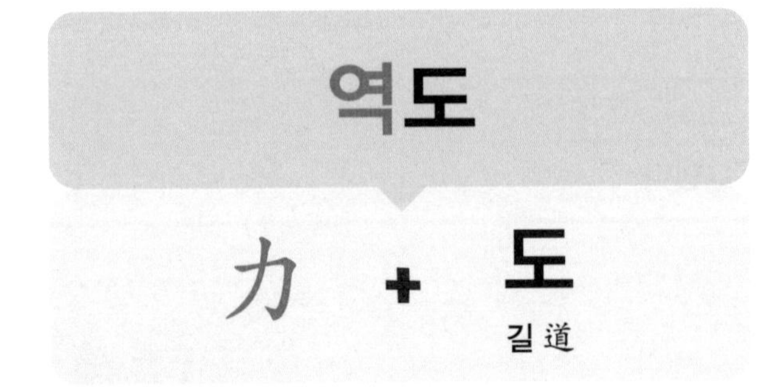

뜻 역기를 들어 올리는 운동.

예문

대한민국 선수가 ________ 종목에서 금메달을 땄습니다.

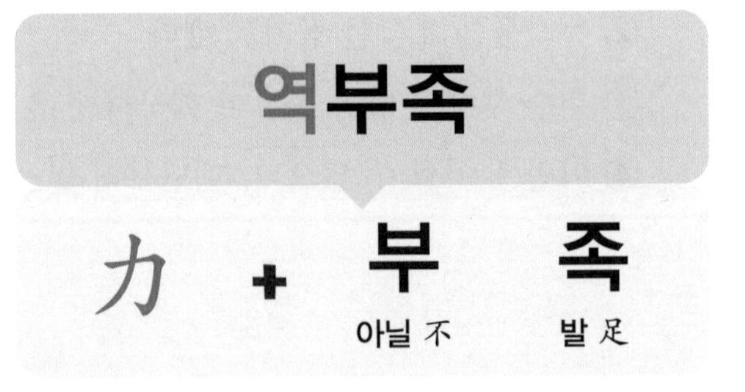

뜻 힘이나 기량이 모자람.

예문

방학 내내 쓰지 않은 일기를 한 번에 쓰려니 ________ 입니다.

어휘 확인 빈칸에 들어갈 알맞은 어휘를 찾아 선을 연결해 보세요.

역도	• •	[ ] 선수가 정확한 자세로 바벨을 들어 올렸습니다.
역부족	• •	문제가 너무 어려워서 셋이서 머리를 맞대도 [ ] 입니다.

문해력 향상 아래 글을 읽고 질문에 답해 보세요.

민수는 올림픽 경기 중계에서 역도 선수를 지켜보고 있었어요. 선수는 처음 바벨을 들어 올리려 했지만, 너무 무거운 탓에 역부족처럼 보였지요. 민수는 '이건 힘들겠구나' 생각했지만, 그 선수는 포기하지 않고 자세를 가다듬은 뒤 끝까지 도전했어요. 마침내 선수는 자신이 목표로 한 무게를 들어 올리는 데 성공했고, 관중들로부터 뜨거운 환호를 받았어요. 그 모습을 본 민수는 노력 끝에 얻는 성취가 얼마나 값진 것인지 느낄 수 있었어요. 그리고 대한민국 국민이라는 것이 매우 자랑스러웠어요.

❶ 민수는 역도 선수를 보며 처음에 어떤 생각을 했나요?

____

❷ 그 선수가 포기하지 않고 결국 이뤄낸 일은 무엇인가요?

____

한자 쓰기 연습 오늘 배운 한자를 바르게 쓰며 익혀 보세요.

力 力

力

뜻 ____________

소리 ____________

하나 한자의 뜻과 소리를 읽어 보세요.

둘 한자의 뜻이 만들어진 배경(어원)을 상상해 보세요.

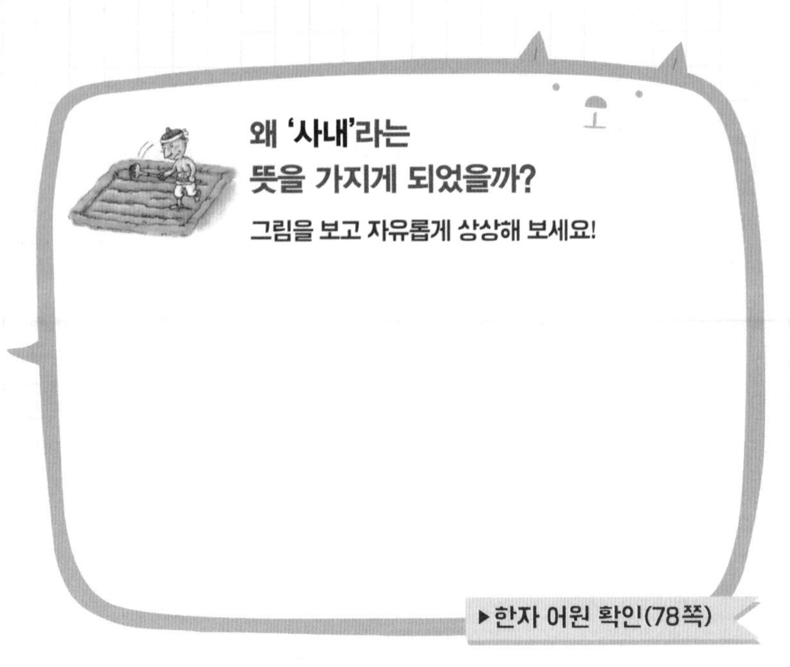

▸한자 어원 확인(78쪽)

초등 교과서 한자 어휘

교과서 한자 어휘를 소리 내어 읽고, 예문의 빈칸을 채워 보세요.

남녀

男 + 녀 (여자 女)

뜻 남자와 여자.

예문

________가 서로를 바라보며 미소지었습니다.

남녀노소

男 + 녀 (여자 女) 노 (늙을 老) 소 (적을 少)

뜻 남자와 여자, 늙은이와 젊은이. 모든 사람을 이르는 말.

예문

이 음식은 ________ 모두가 좋아합니다.

어휘 확인 빈칸에 들어갈 알맞은 어휘를 찾아 선을 연결해 보세요.

남녀	어른부터 아이까지 ☐ 누구나 쉽게 체조를 따라합니다.
남녀노소	☐ 의 수명을 비교하면, 남자보다 여자의 수명이 깁니다.

문해력 향상 아래 글을 읽고 질문에 답해 보세요.

민수와 친구들은 동네 축제에서 남녀노소가 함께하는 미로 탐험 게임에 참가했어요. 이 게임은 정해진 시간 안에 출구를 찾아야 하는 방식이었고, 어른과 아이가 함께 협력해야 했어요. 민수의 팀은 어른과 아이가 각자의 장점을 살려 역할을 나누었어요. 어른들은 힌트를 주고, 아이들은 몸을 낮춰 작은 구멍을 통과하며 단서를 찾았지요. 모두가 힘을 모은 덕분에 민수의 팀은 가장 먼저 출구를 찾았고, 축제장에서는 큰 박수가 쏟아졌어요. 그 순간 민수는 생각했어요. '남녀노소가 힘을 합치면 어떤 일이든 해낼 수 있겠구나.'

❶ 민수와 친구들은 동네 축제에서 어떤 게임에 참가했나요?

____

❷ 게임에서 민수의 팀은 어떤 방식으로 미로를 풀었나요?

① 아이들이 힌트를 주었다.
② 모두가 스스로 단서를 찾았다.
③ 어른들이 미로를 다 풀어냈고 아이들은 구경만 했다.
④ 아이들이 작은 구멍을 통과하며 단서를 찾고 어른들이 힌트를 주었다.

한자 쓰기 연습 오늘 배운 한자를 바르게 쓰며 익혀 보세요.

男 男 男 男 男 男 男

男

뜻 ______

소리 ______

월 일

하나 한자의 뜻과 소리를 읽어 보세요.

둘 한자의 뜻이 만들어진 배경(어원)을 상상해 보세요.

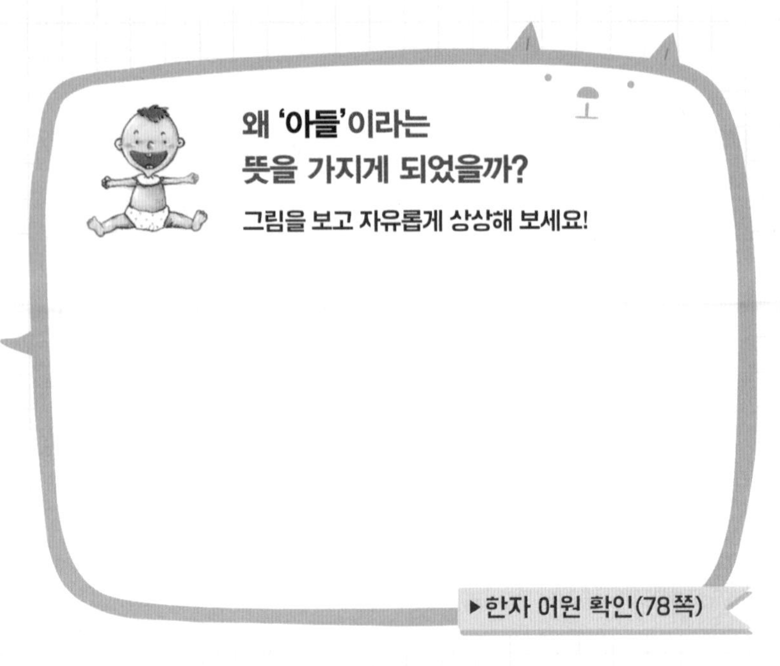

▸한자 어원 확인(78쪽)

초등 교과서 한자 어휘

교과서 한자 어휘를 소리 내어 읽고, 예문의 빈칸을 채워 보세요.

자녀

子 + 녀
여자 女

뜻 아들과 딸의 높임말.

예문

어머니는 ________ 교육에 관한 책을 읽고 계셨습니다.

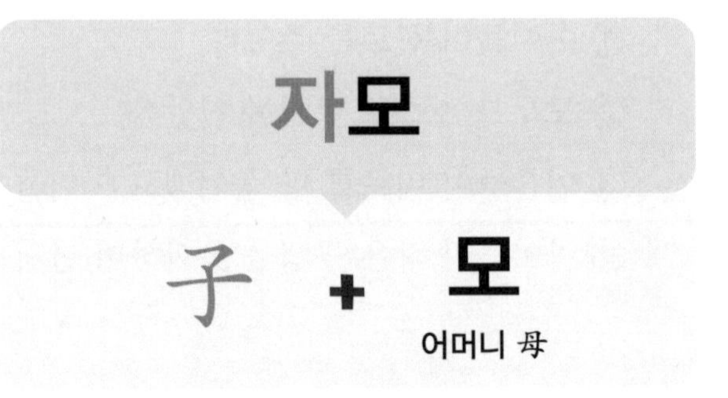

뜻 아들과 어머니. 자음과 모음.

예문

형제는 한글 ________를 맞추는 게임을 합니다.

어휘 확인 빈칸에 들어갈 알맞은 어휘를 찾아 선을 연결해 보세요.

자녀 •	• 아이들은 공책에 한글 ☐ 를 또박또박 쓰고 있습니다.
자모 •	• 모든 부모는 ☐ 가 건강하게 자라기를 바랍니다.

문해력 향상 아래 글을 읽고 질문에 답해 보세요.

아빠는 오래된 자녀방을 새롭게 꾸미기로 했어요. 수지와 민수도 기쁘게 참여했지요. 수지는 벽에 걸 그림을 직접 그리고, 민수는 바닥에 흩어져 있던 한글 자모 카드와 블록을 깔끔히 정리했어요. 아빠는 무거운 가구들을 이리저리 옮기며 방의 분위기를 새롭게 바꾸었어요. 함께 방을 꾸미며 웃고 떠드는 사이, 방 안은 점점 따뜻하고 아늑한 공간으로 바뀌었지요. "아빠랑 같이 하니까 정말 재미있었어요!" 두 아이는 행복한 미소를 지으며 말했어요. 그렇게 세 사람은 오래도록 기억에 남을 소중한 하루를 보냈답니다.

1 이 이야기에서 자녀(子女)는 누구를 의미하나요?

____

2 수지와 민수는 아빠와 함께 방을 꾸미면서 왜 기뻤나요?

① 아빠와 함께 즐거운 시간을 보냈기 때문이다.
② 평소에 방을 꾸미는 것을 즐겨하기 때문이다.
③ 방을 꾸미는 것이 너무 힘들었기 때문이다.
④ 방에서 블록을 찾아서 신이 났기 때문이다.

한자 쓰기 연습 오늘 배운 한자를 바르게 쓰며 익혀 보세요.

子 子 子

子

뜻 __________

소리 __________

21-25 복습

월 일

1 빈칸에 공통으로 들어가는 한자를 연결해 보세요.

①	□부	□토	力 힘 력(역)
②	□후	농□	事 일 사
③	□도	□부족	農 농사 농
④	□녀	□녀노소	子 아들 자
⑤	□녀	□모	男 사내 남

2 어휘의 뜻을 읽고 어휘 열쇠를 완성해 보세요.

가로 열쇠

① 씨나 모종을 심어 기르고 거두는 일.

② 남자와 여자, 늙은이와 젊은이. 모든 사람을 이르는 말.

세로 열쇠

③ 일이 끝난 뒤. 또는 일을 끝낸 뒤.

④ 아들과 딸의 높임말.

■	■	❶	❸
■	■	■	
■	❹	■	■
❷			

③ 그림과 관련 있는 어휘를 골라 동그라미 표시해 보세요.

❶

농토 강산

❷

태권도 역도

④ 문장을 읽고 빈칸에 알맞은 번호를 보기에서 찾아 써 보세요.

❶ 자모 ❷ 남녀 ❸ 역부족 ❹ 역도 ❺ 농토 ❻ 농부

① 대회 참가자는 [ ] 구분 없이 실력을 겨뤄요.

② 무거운 책상을 옮기려 했지만 혼자서는 [ ] 이었어요.

③ 땀 흘려 일하는 [ ] 덕분에 맛있는 밥을 먹을 수 있어요.

④ 한글의 [ ] 를 정확하게 익히는 것이 한글을 배우는 첫걸음이에요.

⑤ 아버지는 은퇴 후 시골로 내려가 작은 [ ] 를 일구었어요.

⑥ 그는 [ ] 선수로서 오랫동안 체력을 단련해 왔어요.

05과 한자 어원 확인

한자	뜻이 만들어진 배경
農 농사 농	밭에서 호미를 들고 농사짓는 모습이 바뀌어서 만들어졌어요.
事 일 사	기원하는 말을 쓴 나무를 손에 든 모양이 바뀌어서 만들어졌어요. 고대에는 신에게 기도하는 것이 중요한 일이었기 때문에 '일'의 뜻이 되었어요.
力 힘 력(역)	힘을 주어 물건을 들어 올릴 때 팔에 생기는 근육의 모양이 바뀌어서 만들어졌어요.
男 사내 남	논이나 밭에서 일하는 힘센 사람의 모양이 바뀌어서 만들어졌어요. 고대에 주로 농사일을 맡았던 '사내'를 뜻하게 되었어요.
子 아들 자	두 팔을 벌리고 있는 아기의 모양이 바뀌어서 만들어졌어요.

이번 주에 학습할 한자를 보고 생각나는 어휘를 자유롭게 떠올려 보세요.

월 일

하나 한자의 뜻과 소리를 읽어 보세요.

둘 한자의 뜻이 만들어진 배경(어원)을 상상해 보세요.

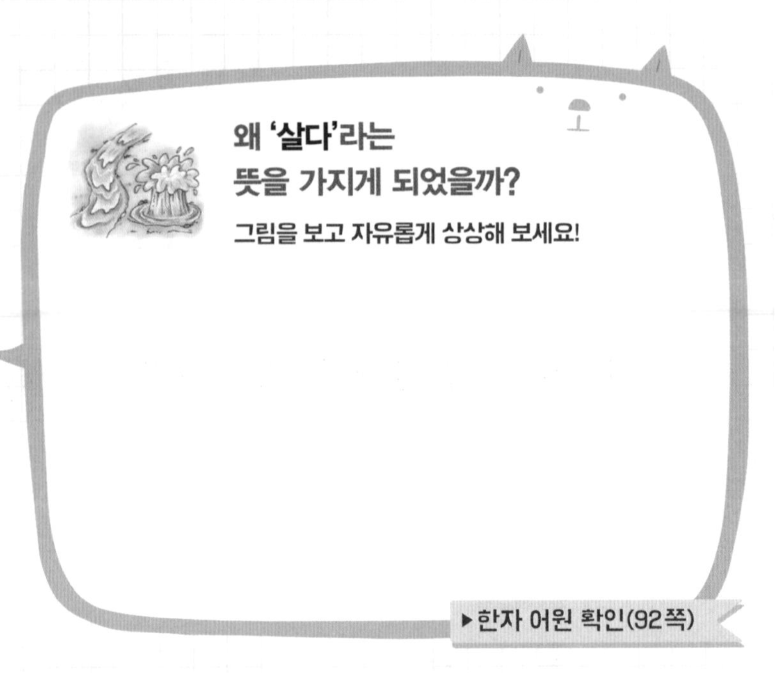

▸한자 어원 확인(92쪽)

초등 교과서 한자 어휘

교과서 한자 어휘를 소리 내어 읽고, 예문의 빈칸을 채워 보세요.

활력

活 + 력 (힘 力)

뜻 살아 움직이는 힘.

예문

좋은 음악은 삶에 생기와 ________ 을 불어넣어 줍니다.

생활

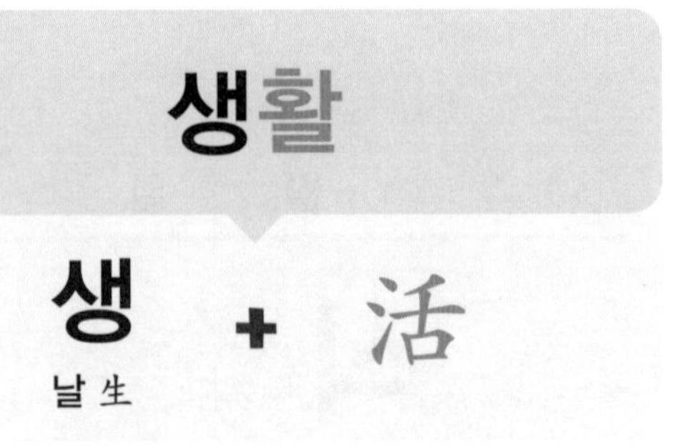

뜻 살아서 활동함. 생계를 유지하여 살아나감.

예문

규칙적으로 ________ 하는 것이 건강에 이롭습니다.

어휘 확인 빈칸에 들어갈 알맞은 어휘를 찾아 선을 연결해 보세요.

활력 •		• 다이어트에는 [ ] 습관을 바꾸는 것이 중요합니다.
생활 •		• 노인은 젊은 사람처럼 [ ]이 넘쳐 보입니다.

문해력 향상 아래 글을 읽고 질문에 답해 보세요.

오늘 민수는 학교 체육 시간에 특별한 체험을 하게 되었어요. 바로 '활력 미션'이었죠! 선생님이 민수와 친구들에게 말했어요. "오늘은 생활 속에서 힘을 기를 수 있는 미션을 수행해 보자!" 민수는 달리기, 공 던지기, 숨은 그림 찾기 등 다양한 미션을 수행하면서 점점 더 활력이 넘친다고 느꼈어요. 미션을 끝내고 나니 몸도 마음도 한층 가벼워진 듯 기운이 솟았지요. "오늘 하루, 정말 재미있었어!" 오늘의 체험은 그 이름처럼, 친구들의 학교생활에 진짜 활력을 불어넣어 주었답니다.

1 민수는 체육 시간에 어떤 미션을 수행하며 활력이 넘친다고 느꼈나요?

① 노래 부르기
② 선생님 심부름하기
③ 축구 시합, 야구 시합
④ 달리기, 공 던지기, 숨은 그림 찾기

2 민수는 '활력 미션' 후 몸과 마음이 어떻게 변했다고 느꼈나요?

____

한자 쓰기 연습 오늘 배운 한자를 바르게 쓰며 익혀 보세요.

活 活 活 活 活 活 活 活 活

活

뜻 __________

소리 __________

월 일

하나 한자의 뜻과 소리를 읽어 보세요.

둘 한자의 뜻이 만들어진 배경(어원)을 상상해 보세요.

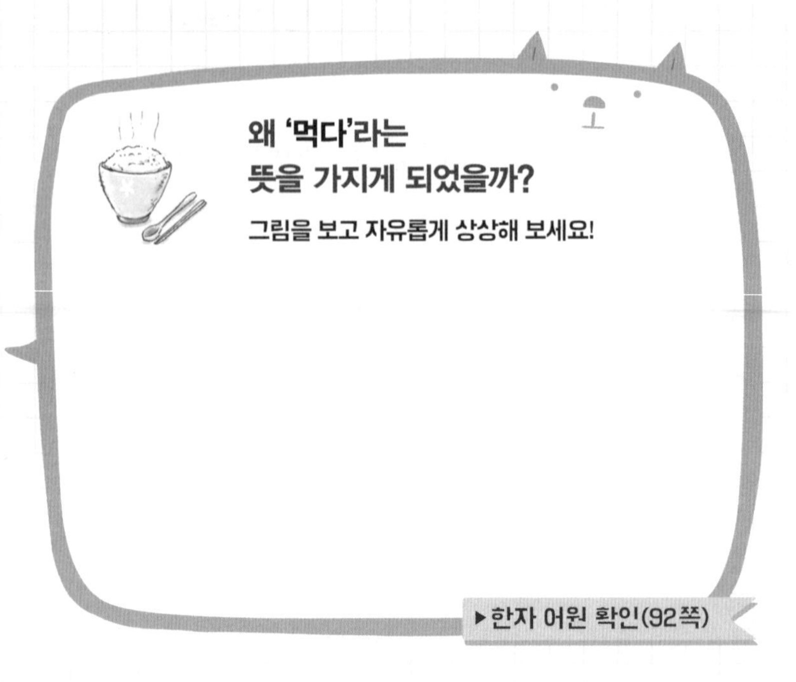

▸한자 어원 확인(92쪽)

초등 교과서 한자 어휘

교과서 한자 어휘를 소리 내어 읽고, 예문의 빈칸을 채워 보세요.

식구

食 + 구 (입 口)

뜻 한 집에서 함께 살면서 식사를 같이하는 사람.

예문

세 ________가 함께 저녁 상을 차리는 중입니다.

식사

뜻 여러 가지 음식을 먹는 일. 또는 그 음식.

예문

________ 후에 그릇을 깨끗하게 치웁니다.

어휘 확인 빈칸에 들어갈 알맞은 어휘를 찾아 선을 연결해 보세요.

식구 •		• 우리 집 [ ]는 총 다섯 명입니다.
식사 •		• 나는 늦잠을 자서 아침 [ ]를 거를 때가 많습니다.

문해력 향상 아래 글을 읽고 질문에 답해 보세요.

오늘은 민수네 가족이 외식을 하러 갔어요. 민수의 집 식구는 총 다섯 명인데, 아빠가 "오늘은 우리 식구 다 함께 외식하자!"라고 했죠. 모두가 함께 간 곳은 바로 민수가 좋아하는 떡볶이 집! 그곳은 매운 떡볶이와 김밥, 튀김이 맛있기로 유명해요. 민수는 "오늘은 내가 좋아하는 떡볶이를 먹는구나!"하며 신이 났어요. 식사를 마치고, 민수는 "가족과 함께 외식하니까 정말 맛있고 즐거워!"라고 말했어요. 음식도 좋았지만, 무엇보다 가족과 함께여서 더 행복했답니다.

1 민수네 가족이 외식한 곳은 어떤 음식으로 유명한가요?

① 김밥, 쫄면, 탕수육
② 떡볶이, 김밥, 튀김
③ 샐러드, 햄버거, 피자
④ 초밥, 라면, 떡볶이

2 빈 칸에 들어갈 알맞은 숫자를 써 보세요.

민수의 집 식구는 총 [ ] 명이고, 우리 집 식구는 총 [ ] 명 입니다.

한자 쓰기 연습 오늘 배운 한자를 바르게 쓰며 익혀 보세요.

食 食 食 食 食 食 食 食 食

食

뜻 ________

소리 ________

월 일

하나 한자의 뜻과 소리를 읽어 보세요.

둘 한자의 뜻이 만들어진 배경(어원)을 상상해 보세요.

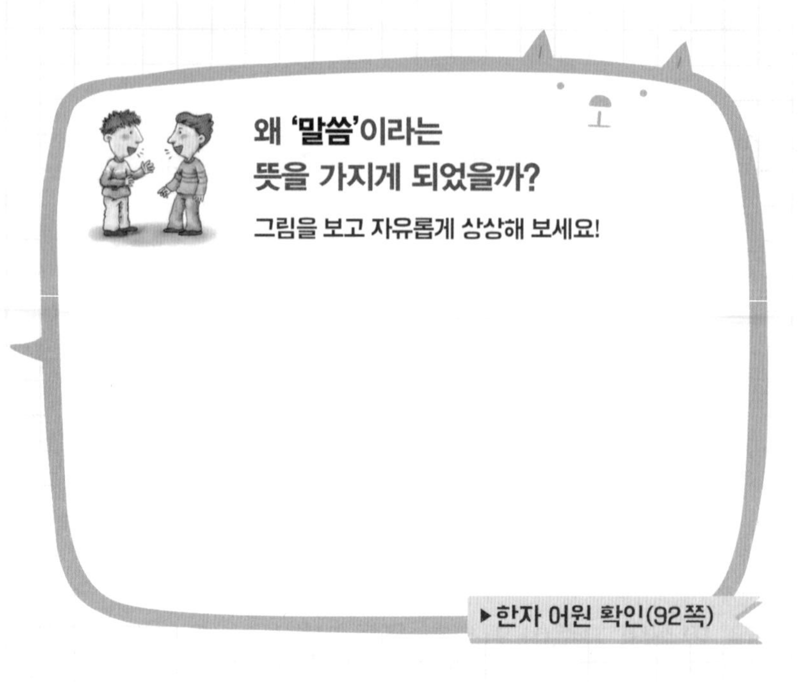

▸한자 어원 확인(92쪽)

초등 교과서 한자 어휘

교과서 한자 어휘를 소리 내어 읽고, 예문의 빈칸을 채워 보세요.

화자

話 + 자 (놈 者)

뜻 이야기를 하는 사람.

예문

________ 는 말하는 사람이고, 청자는 듣는 사람입니다.

수화

뜻 입으로 하는 말을 대신하여 손으로 표현하는 의사 전달 방법.

예문

학교에서 기본적인 ________ 동작을 배웠습니다.

어휘 확인 빈칸에 들어갈 알맞은 어휘를 찾아 선을 연결해 보세요.

화자 ●	●	그는 손짓과 표정을 활용한 [ ]로 감정을 전했습니다.
수화 ●	●	나는 소설 속 [ ]의 감정에 이입했습니다.

문해력 향상 아래 글을 읽고 질문에 답해 보세요.

오늘 민수는 저녁 뉴스가 시작되기를 기다리고 있었어요. 그때 방송에서 특별한 장면이 나왔어요. 바로 뉴스에서 수화가 방송된 거예요! 수화 화자는 청각 장애가 있는 사람들도 뉴스를 이해할 수 있도록 도와주는 역할을 했어요. 민수는 수화를 처음 보았지만 그 사람이 손으로 어떻게 말을 전하는지 궁금했어요. "와, 정말 멋지다! 손으로도 말을 할 수 있다니!" 민수는 그때부터 수화가 얼마나 중요한지 알게 되었답니다.

1 민수는 무엇을 기다리고 있었나요?

____

2 뉴스 방송에서 수화를 사용한 이유는 무엇인가요?

① 수화가 재미있어서
② 시청자들이 재미있게 볼 수 있도록
③ 청각 장애가 있는 사람들도 뉴스를 이해할 수 있도록
④ 시각 장애가 있는 사람들도 뉴스를 이해할 수 있도록

한자 쓰기 연습 오늘 배운 한자를 바르게 쓰며 익혀 보세요.

話 話 話 話 話 話 話 話 話 話 話 話 話

話

뜻 ________

소리 ________

월 일

하나 한자의 뜻과 소리를 읽어 보세요.

둘 한자의 뜻이 만들어진 배경(어원)을 상상해 보세요.

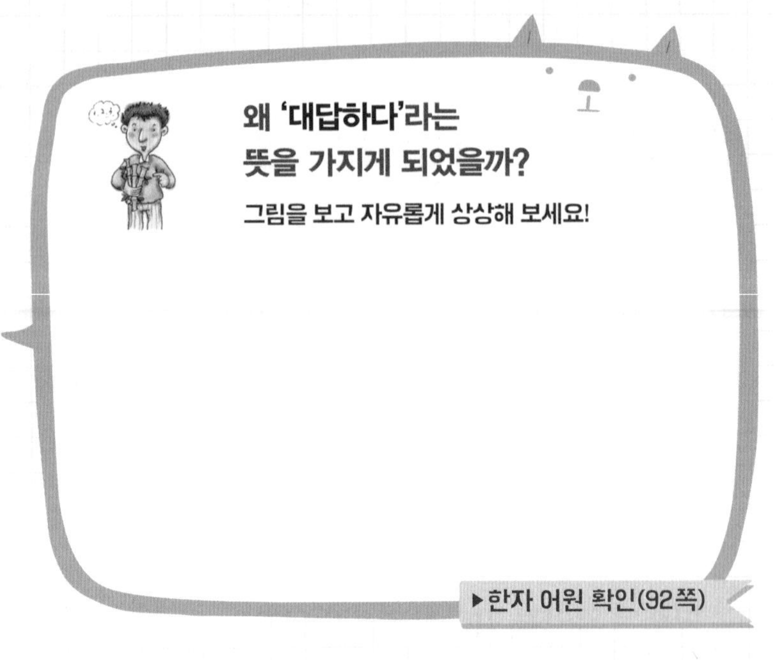

▶한자 어원 확인(92쪽)

초등 교과서 한자 어휘

교과서 한자 어휘를 소리 내어 읽고, 예문의 빈칸을 채워 보세요.

직답

직 + 答

곧을 直

뜻 당장 그 자리에서 대답함. 즉답.

예문

그는 질문에 ________을 피했습니다.

동문서답

동 문 서 + 答

동녘 東 물을 問 서녘 西

뜻 동쪽을 묻는 데 서쪽을 대답한다. 물음과는 상관없는 엉뚱한 대답.

예문

민호는 딴청을 피우며 ________을 했습니다.

어휘 확인 빈칸에 들어갈 알맞은 어휘를 찾아 선을 연결해 보세요.

직답 •	• 기자의 날카로운 질문에도 그는 [ ]을 피하지 않았습니다.
동문서답 •	• 철수는 자주 [ ]을 해서 상대방을 당황하게 합니다.

문해력 향상 아래 글을 읽고 질문에 답해 보세요.

반에 항상 엉뚱한 답을 하는 친구가 있었어요. 그 친구의 이름은 지훈이었죠. 어느 날, 선생님이 모두에게 질문을 했어요. "여러분, 오늘 날씨는 어때요?" 친구들이 하나씩 대답을 했어요. "맑아요!" "비가 와요!" "구름이 많아요!" 그런데 지훈이는 손을 들고 "저는 피자요!"라고 대답했어요. 모두는 잠시 멈칫했죠. 선생님이 웃으면서 "지훈아, 지금은 날씨에 대해 물어본 거였단다. 그건 동문서답이야!"라고 말했어요. 지훈이는 얼굴이 빨개지며 "아, 죄송해요. 그럼 날씨는 맑아요!"라고 직답을 했어요. 지훈이는 종종 이렇게 엉뚱한 답을 하지만, 덕분에 우리 반에는 늘 웃음꽃이 핀답니다.

1 지훈이는 처음에 어떤 대답을 했나요?

____

2 이 이야기에서 '동문서답'은 어떤 의미로 사용되었나요?

① 정확한 답을 하는 것

② 전혀 다른 답을 하는 것

③ 답을 하지 않는 것

④ 동쪽과 서쪽에서 나타나는 것

한자 쓰기 연습 오늘 배운 한자를 바르게 쓰며 익혀 보세요.

答 答 答 答 答 答 答 答 答 答 答 答

答

뜻 ______________

소리 ______________

하나 한자의 뜻과 소리를 읽어 보세요.

둘 한자의 뜻이 만들어진 배경(어원)을 상상해 보세요.

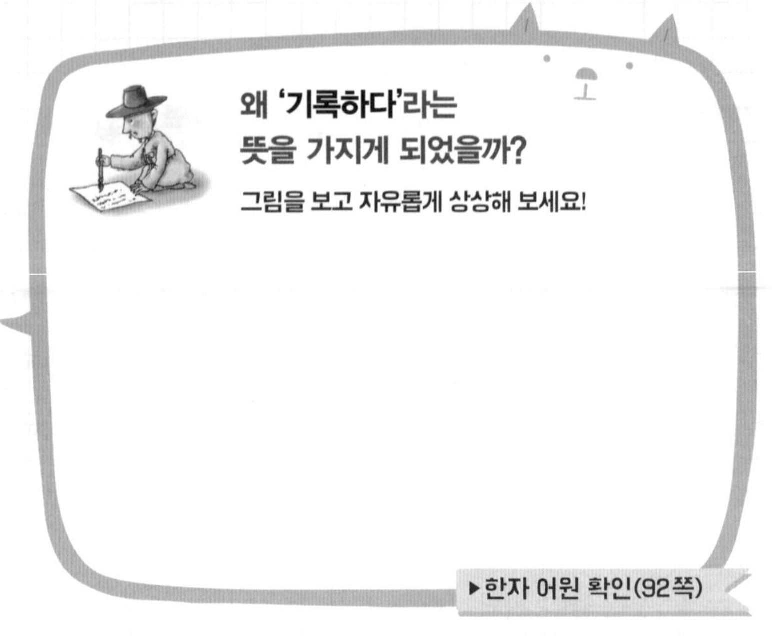

▸한자 어원 확인(92쪽)

초등 교과서 한자 어휘

교과서 한자 어휘를 소리 내어 읽고, 예문의 빈칸을 채워 보세요.

기입

記 + 입
들 入

뜻 수첩이나 문서에 적어 넣음.

예문

소포에 주소를 정확히 ________ 했습니다.

등기

등 + 記
오를 登

뜻 일정한 사항을 등기부에 적는 일.
등기 우편.

예문

우체국에서 빠른 ________ 와 일반 ________ 를 보낼 수 있습니다.

어휘 확인 빈칸에 들어갈 알맞은 어휘를 찾아 선을 연결해 보세요.

기입 •	•	친구는 ☐ 우편으로 내게 책을 보냈습니다.
등기 •	•	서류에 전화번호와 주소를 ☐ 해 주세요.

문해력 향상 아래 글을 읽고 질문에 답해 보세요.

민수는 오늘 학교에서 집으로 가는 길에 엄마와 함께 중요한 일을 했어요. 바로, 동네 행사에 참가하는 서류를 기입하는 일이었죠. 엄마가 말했어요. "민수야, 동네 행사에 참여하려면 이 서류에 네 이름을 기입하고, 우체국에 가서 등기 우편으로 보내야 해." 민수는 서류에 자신의 이름과 나이를 썼어요. "완료!" 민수는 서류를 보내기 위해 우체국으로 갔고, 우체국 직원에게 "이거 등기 우편으로 보내 주세요!"라고 말했어요. 엄마는 "등기 우편으로 보내면 서류가 잘못 전달되지 않아서 안전하단다!"라고 설명해 주었어요. 그렇게 민수는 동네 행사에 참가할 수 있게 되었답니다.

1. 민수는 서류에 무엇을 기입했나요?

____

2. 민수는 서류를 들고 우체국에 가서 무엇을 했나요?

____

한자 쓰기 연습 오늘 배운 한자를 바르게 쓰며 익혀 보세요.

記 記 記 記 記 記 記 記 記 記

記

뜻 ____________

소리 ____________

26-30 복습

월 일

❶ 빈칸에 공통으로 들어가는 한자를 연결해 보세요.

①	□력	생□	答 대답 답
②	□구	□사	活 살 활
③	□자	수□	食 밥, 먹을 식
④	직□	동문서□	話 말씀 화
⑤	□입	등□	記 기록할 기

❷ 어휘의 뜻을 읽고 어휘 열쇠를 완성해 보세요.

가로 열쇠

① 이야기를 하는 사람.

② 수첩이나 문서에 적어 넣음.

세로 열쇠

③ 입으로 하는 말을 대신하여 손으로 표현하는 의사 전달 방법.

④ 일정한 사항을 □□부에 적는 일. □□ 우편.

③	■	■	■
❶		■	■
■	■	❹	■
■	■	❷	

❸ 그림과 관련 있는 어휘를 골라 동그라미 표시해 보세요.

❶

가사 식사

❷

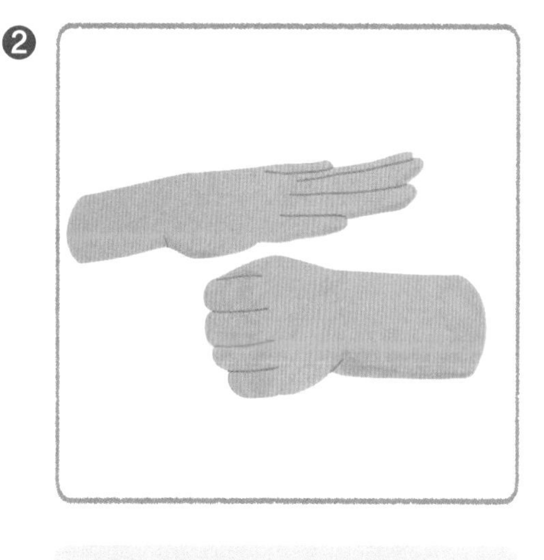

수화 전화

❹ 문장을 읽고 빈칸에 알맞은 번호를 보기에서 찾아 써 보세요.

❶ 동문서답 ❷ 직답 ❸ 식사 ❹ 식구 ❺ 생활 ❻ 활력

① 운동을 하고 나니 몸에 [ ]이 넘치는 느낌이에요.

② 온 가족이 모여 따뜻한 저녁 [ ]를 즐겼어요.

③ 철이는 긴장해서 질문과 맞지 않는 [ ]을 했어요.

④ 도시 [ ]과 시골 [ ]은 각각의 장단점이 있어요.

⑤ 태어난 아기는 우리 가족의 새로운 [ ]가 되었어요.

⑥ 태연이는 선생님 질문에 망설임 없이 을 했어요.

06과 한자 어원 확인

한자	뜻이 만들어진 배경
活 살 활	물이 흐르고 샘솟는 활기찬 모습이 바뀌어서 만들어졌어요. '물처럼 생기 있는 상태, 살아있는 것'을 뜻하게 되었어요.
食 밥, 먹을 식	그릇에 밥이 담긴 모양으로 '먹다'를 나타내는 글자로 쓰이게 되었어요.
話 말씀 화	사람이 말을 하는 모양이 바뀌어서 만들어졌어요.
答 대답 답	종이가 없던 때에 대나무쪽에 편지 내용에 맞게 화답한다고 하여 '답하다'가 되었어요.
記 기록할 기	무릎을 꿇고 말하는 것을 적는 모습이 바뀌어서 만들어졌어요.

이번 주에 학습할 한자를 보고 생각나는 어휘를 자유롭게 떠올려 보세요.

월 일

하나 한자의 뜻과 소리를 읽어 보세요.

둘 한자의 뜻이 만들어진 배경(어원)을 상상해 보세요.

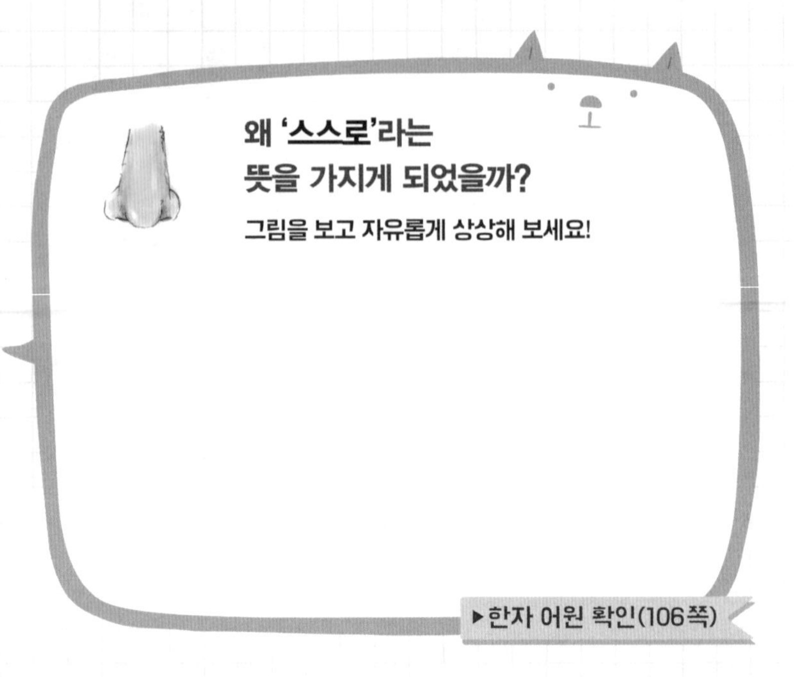

▸한자 어원 확인(106쪽)

초등 교과서 한자 어휘

교과서 한자 어휘를 소리 내어 읽고, 예문의 빈칸을 채워 보세요.

자동

自 + 동 움직일 動

뜻 스스로 움직임.

예문

선풍기에 타이머를 설정하면 ________으로 꺼집니다.

자립

뜻 남에게 의지하지 아니하고 스스로 섬.

예문

청년들이 ________을 준비합니다.

어휘 확인 빈칸에 들어갈 알맞은 어휘를 찾아 선을 연결해 보세요.

자동	●	●	형은 [ ] 하기 위해 열심히 일합니다.
자립	●	●	가까이 다가가자 문이 [ ] 으로 열립니다.

문해력 향상 아래 글을 읽고 질문에 답해 보세요.

로봇 강아지 똘이는 건전지만 넣으면 자동으로 움직였어요. 하지만 똘이는 진짜 강아지처럼 스스로 뼈다귀를 찾고, 친구들과 뛰어놀고 싶었어요. 그래서 똘이는 힘겹게 밤마다 몰래 밖으로 나가 달빛 아래에서 혼자 걷는 연습을 했어요. 넘어지고 부딪히기도 했지만, 결국 똘이는 건전지 없이 혼자 힘으로 걷는 방법을 터득했어요. "이제 나는 자립 강아지야!" 그렇게 똘이는 더 이상 건전지에 의지하지 않고 스스로 움직이며 진짜 강아치처럼 살기 시작했어요. 똘이는 친구들과 신나게 뛰어놀며 처음으로 진짜 자유를 느꼈답니다.

1 빈칸에 들어갈 알맞은 말을 써 보세요.

똘이는 진짜 강아지처럼 스스로 [ ][ ][ ] 를 찾고, 친구들과 뛰어놀고 싶었어요.

2 똘이는 자립 강아지가 되기 위해 어떤 연습을 했나요?

① 춤추는 연습을 했다.
② 혼자 걷는 연습을 했다.
③ 먹이를 찾는 연습을 했다.
④ 노래 부르는 연습을 했다.

한자 쓰기 연습 오늘 배운 한자를 바르게 쓰며 익혀 보세요.

自 自 自 自 自 自

自

뜻 ______

소리 ______

월 일

하나 한자의 뜻과 소리를 읽어 보세요.

둘 한자의 뜻이 만들어진 배경(어원)을 상상해 보세요.

* 낱말 맨 앞에 올 때 '입'이라고 읽어요.

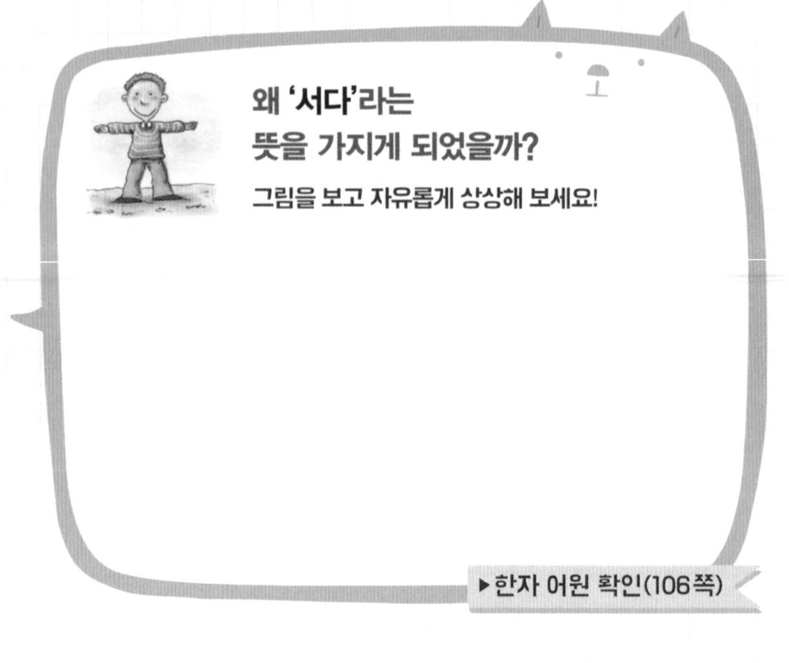

▸한자 어원 확인(106쪽)

초등 교과서 한자 어휘

교과서 한자 어휘를 소리 내어 읽고, 예문의 빈칸을 채워 보세요.

기립

기 + 立

일어날 起

뜻 일어나서 섬.

예문

연주가 끝나자 관중들이 ________ 박수를 쳤습니다.

입장

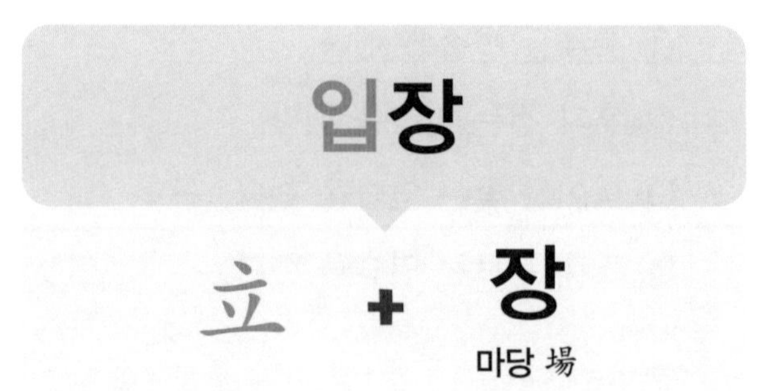

뜻 당면하고 있는 상황.

예문

자신의 ________만 고집하는 건 바람직하지 않습니다.

어휘 확인 빈칸에 들어갈 알맞은 어휘를 찾아 선을 연결해 보세요.

기립 •	• 관객들은 가수에게 [ ] 박수를 보냈습니다.
입장 •	• 엄마는 동생과 나의 [ ] 을 모두 들어보셨습니다.

문해력 향상 아래 글을 읽고 질문에 답해 보세요.

오늘 새로운 전학생이 우리 교실에 전학을 왔어요. 친구가 자기소개를 하자 모두들 기립하여 박수를 치며 환영했어요. 우리는 새 친구가 낯선 환경에 잘 적응할 수 있도록 따뜻하게 맞이했어요. 그리고 각자 좋아하는 장난감을 보여 주며 함께 놀자고 제안했어요. "우리 '무지개 반'에 온 걸 환영해! 무지개처럼 다양한 우리이지만, 함께 즐겁게 지내자!" 민수는 새 친구의 입장을 존중하며 천천히 다가갔고, 민수의 따뜻한 배려에 친구도 점점 마음을 열었어요. 그렇게 새 친구는 곧 우리 무지개 반의 일원이 되었답니다.

1 민수는 새 친구에게 어떤 말을 했나요?

우리 [ ][ ][ ] 반에 온 걸 환영해! [ ][ ][ ] 처럼 다양한 우리이지만,
함께 즐겁게 지내자!

2 민수는 새 친구가 온 후 무엇을 느꼈을까요?

① 새 친구가 어색하게 느껴졌어요.
② 새 친구가 낯설어서 불편했어요.
③ 새 친구가 우리 반의 일원이 되어서 기뻤어요.
④ 새 친구에게 빠르게 다가가는 것이 중요하다고 생각했어요.

한자 쓰기 연습 오늘 배운 한자를 바르게 쓰며 익혀 보세요.

立 立 立 立 立

立

뜻 ________

소리 ________

월 일

하나 한자의 뜻과 소리를 읽어 보세요.

둘 한자의 뜻이 만들어진 배경(어원)을 상상해 보세요.

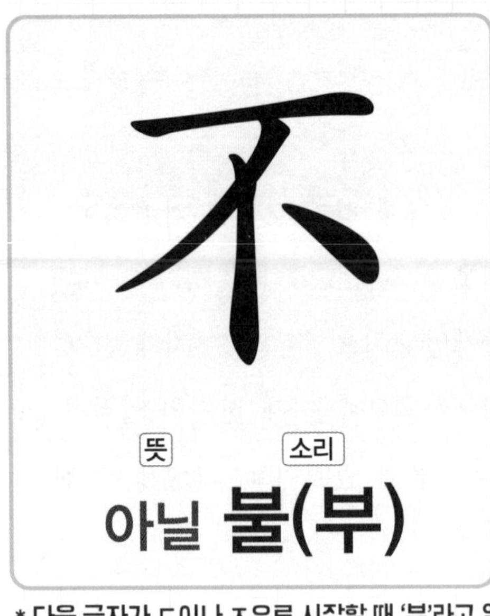

* 다음 글자가 ㄷ이나 ㅈ으로 시작할 때 '부'라고 읽어요.

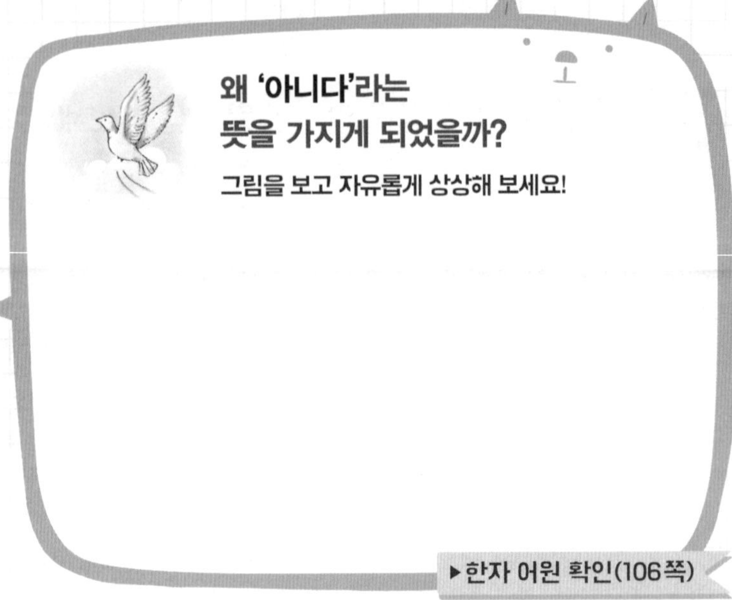

▸한자 어원 확인(106쪽)

초등 교과서 한자 어휘

교과서 한자 어휘를 소리 내어 읽고, 예문의 빈칸을 채워 보세요.

불로장생

不 + 로(늙을 老) 장(길 長) 생(날 生)

뜻 늙지 않고 오래 삶.

예문

옛날부터 사람들은 ________을 꿈꿨습니다.

불가능

不 + 가(옳을 可) 능(능할 能)

뜻 할 수 없거나 될 수 없는 것. 가능하지 않음.

예문

노력하는 자에게 ________은 없습니다.

어휘 확인 빈칸에 들어갈 알맞은 어휘를 찾아 선을 연결해 보세요.

불로장생 •		• 협동 과제는 친구 간의 협력이 없으면 [ ] 합니다.
불가능 •		• 사람들은 [ ] 을 꿈꾸며 약초를 찾았습니다.

문해력 향상 아래 글을 읽고 질문에 답해 보세요.

옛날 아주 먼 옛날, 신비로운 힘을 가진 '불로장생 나무'가 살고 있었어요. 이 나무의 열매를 먹으면 영원히 늙지 않고 살 수 있다는 소문이 있었지요. 어느 날, 호기심 많고 장난기 넘치는 영웅이가 몰래 숲 속으로 들어갔어요. 영웅이는 불로장생 나무에 대한 이야기를 듣고 직접 확인해 보고 싶었거든요. 숲 속 깊은 곳에서 영웅이는 드디어 나무를 찾았어요. 나무에는 반짝이는 황금빛 열매가 주렁주렁 열려 있었지요. 영웅이는 나무 주위를 빙글빙글 돌며 신기한 듯 바라보다가, 결국 참지 못하고 황금빛 열매 하나를 따서 입에 쏙 넣었어요. 그 순간, 불가능한 일이 일어났어요! 몸이 붕 뜨는 것처럼 가벼워지더니, 눈 깜짝할 사이에 하늘을 나는 거 있죠? 영웅이는 신이 나서 하늘을 훨훨 날아다니며 세상 구경을 했어요.

1 다음 이야기가 일어난 순서대로 번호를 매겨 보세요.

가. 영웅이가 불로장생 나무의 열매를 따서 먹었다.

나. 영웅이는 하늘을 나는 능력을 얻었다.

다. 영웅이는 숲 속에서 불로장생 나무를 찾았다.

라. 영웅이는 하늘을 나는 능력을 사용해 세상을 구경했다.

(정답: → → → **)**

2 영웅이가 불로장생 나무의 열매를 먹은 후, 어떤 일이 일어났나요?

____

한자 쓰기 연습 오늘 배운 한자를 바르게 쓰며 익혀 보세요.

不 不 不 不

不

뜻 ________

소리 ________

월 일

하나 한자의 뜻과 소리를 읽어 보세요.

둘 한자의 뜻이 만들어진 배경(어원)을 상상해 보세요.

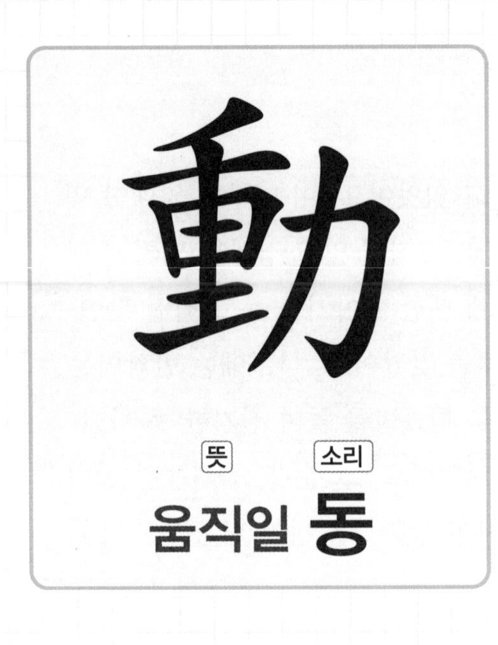

▶한자 어원 확인(106쪽)

초등 교과서 한자 어휘

교과서 한자 어휘를 소리 내어 읽고, 예문의 빈칸을 채워 보세요.

동력

動 + 력 (힘 力)

뜻 어떠한 물체를 움직이게 하는 힘. 어떤 일을 발전시키는 힘.

예문

기계는 ________ 을 받아서 움직입니다.

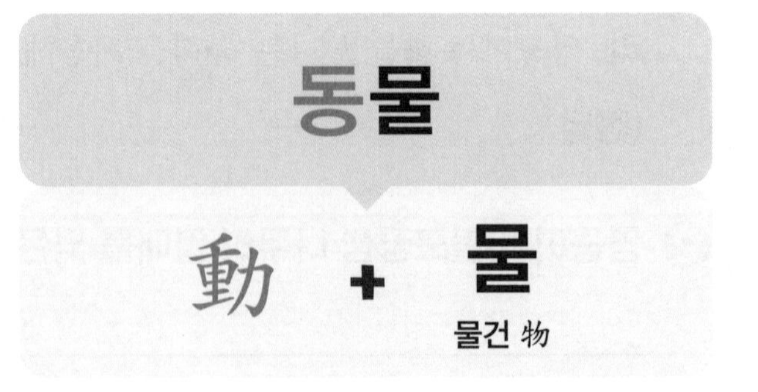

뜻 생물을 식물과 함께 둘로 구분한 것의 하나. 스스로 움직일 수 있는 생물.

예문

겨울이 되면 어떤 ________ 은 깊은 겨울잠을 잡니다.

어휘 확인 빈칸에 들어갈 알맞은 어휘를 찾아 선을 연결해 보세요.

동력	●	●	우리는 멸종 위기 ☐을 보호해야 합니다.
동물	●	●	주변의 응원이 나를 움직이게 하는 ☐이 되었습니다.

문해력 향상 아래 글을 읽고 질문에 답해 보세요.

기계는 움직이기 위해 동력이 필요해요. 동력은 기계가 움직이게 만드는 힘이에요. 예를 들어, 자동차는 동력으로 연료를 사용해 바퀴를 돌려요. 전기 모터는 동력으로 전기를 사용해서 돌아가고, 로봇은 전기를 사용해서 팔과 다리를 움직여요. 이렇게 기계도 동력이 있다면, 사람과 동물처럼 움직일 수 있답니다. 자동차가 도로를 달리고, 로봇이 팔을 흔드는 것처럼, 동력은 기계를 움직이게 하고, 우리 생활을 더 편리하게 만들어 준답니다.

1 기계는 무엇으로 움직이나요?

____

2 각 기계와 그들이 사용하는 동력을 알맞게 연결해 보세요.

① 자동차	●	●	(가) 전기를 동력으로 사용
② 로봇	●	●	(나) 연료를 동력으로 사용

한자 쓰기 연습 오늘 배운 한자를 바르게 쓰며 익혀 보세요.

動 動 動 動 動 動 動 動 動 動 動

動

뜻 ________

소리 ________

월 일

하나 한자의 뜻과 소리를 읽어 보세요.

둘 한자의 뜻이 만들어진 배경(어원)을 상상해 보세요.

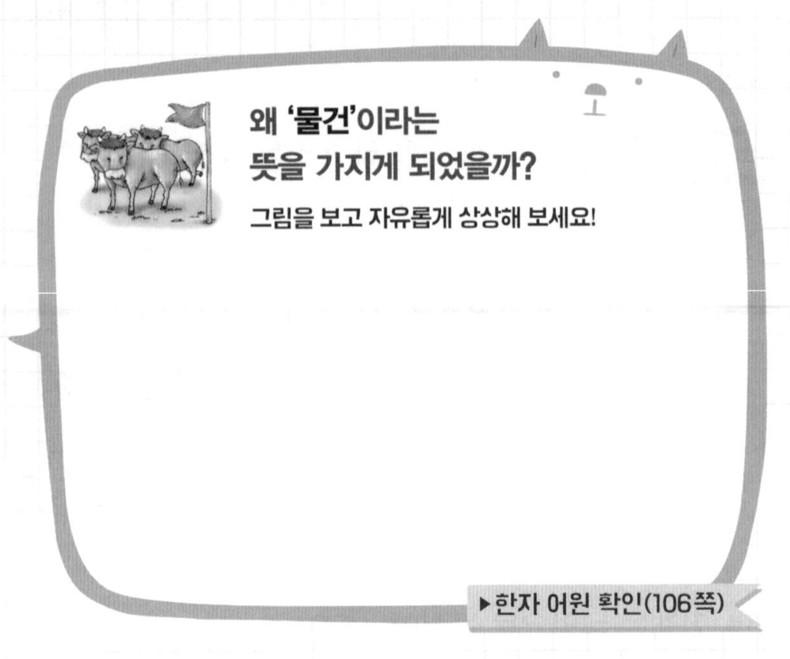

▸한자 어원 확인(106쪽)

초등 교과서 한자 어휘

교과서 한자 어휘를 소리 내어 읽고, 예문의 빈칸을 채워 보세요.

만물

만 + 物
일만 萬

뜻 세상에 있는 모든 것.

예문
깊은 밤이 되면 ________은 고요히 잠듭니다.

생물

뜻 살아있는 모든 것. 동물과 식물.

예문
외딴 섬에서 어떤 ________의 흔적도 찾을 수 없었습니다.

어휘 확인 빈칸에 들어갈 알맞은 어휘를 찾아 선을 연결해 보세요.

만물 •		• 자연 속에서 [ ] 이 조화를 이루며 살아갑니다.
생물 •		• 동물과 식물은 모두 [ ] 입니다.

문해력 향상 아래 글을 읽고 질문에 답해 보세요.

매주 금요일, 우리 반은 동아리 시간에 '만물 탐험대' 활동을 해요. 오늘은 학교 앞 공원으로 탐험을 떠났죠. 선생님은 말했어요. "오늘은 만물에 대해 더 알아보는 거야! 생물들이 어떻게 살아가는지 찾아보자!" 첫 번째로 만난 건 작은 개미였어요. 개미는 자기 몸보다 큰 음식을 끌고 가고 있었죠. 민호가 "와, 개미는 어떻게 저렇게 큰 음식을 끌 수 있을까?"라고 물었어요. 선생님은 대답했어요. "개미는 아주 작은 몸에 엄청난 힘을 가지고 있어. 생물들은 각각 다르게 힘을 써서 살아가고 있지." 개미를 시작으로 우리는 숲 속 이곳저곳을 다니며, 생물들이 저마다의 방식으로 살아가는 모습을 살펴보았답니다.

1 **선생님은 개미가 어떻게 큰 음식을 끄는지에 대해 어떻게 설명했나요?**

① 다른 생물들이 개미를 도와줘서
② 개미는 특별한 마법을 가지고 있어서
③ 개미는 큰 음식을 먹을 때 힘을 키운다
④ 개미는 엄청난 힘을 가지고 있어서

2 **만물 탐험대 활동에서 우리는 무엇을 배웠나요?**

생물들은 저마다의 [ ][ ] 으로 살아간다.

한자 쓰기 연습 오늘 배운 한자를 바르게 쓰며 익혀 보세요.

物 物 物 物 物 物 物 物

物

뜻 ______

소리 ______

31-35 복습

월 일

❶ 빈칸에 공통으로 들어가는 한자를 연결해 보세요.

① □동 □립

② 기□ □장

③ □로장생 □가능

④ □력 □물

⑤ 만□ 생□

- 不 아닐 불(부)
- 自 스스로 자
- 動 움직일 동
- 物 물건 물
- 立 설 립(입)

❷ 어휘의 뜻을 읽고 어휘 열쇠를 완성해 보세요.

가로 열쇠

① 남에게 의지하지 아니하고 스스로 섬.

② 생물을 식물과 함께 둘로 구분한 것의 하나. 스스로 움직일 수 있는 생물.

세로 열쇠

③ 일어나서 섬.

④ 살아있는 모든 것. 동물과 식물.

	❸		
❶			
			❹
		❷	

❸ 그림과 관련 있는 어휘를 골라 동그라미 표시해 보세요.

❶

자립 자동

❷

식물 동물

❹ 문장을 읽고 빈칸에 알맞은 번호를 보기에서 찾아 써 보세요.

❶ 만물	❷ 동력	❸ 불가능	❹ 불로장생	❺ 입장	❻ 자동

① [ ]을 소중히 여기는 마음이 필요해요.

② 사람들은 건강한 식습관이 [ ]의 비법이라고 해요.

③ 이 문은 [ ]으로 열리고 닫혀요.

④ 이 일에 대한 친구의 [ ]과 저의 [ ]이 달라요.

⑤ 전기를 [ ]으로 사용하는 자동차도 있어요.

⑥ 포기하지 않으면 [ ]도 가능으로 만들 수 있을 거예요.

07과 한자 어원 확인

한자	뜻이 만들어진 배경	
自 스스로 자		스스로를 가리킬 때 코를 가리키던 것에서, 코의 모양이 바뀌어 만들어졌어요.
立 설 립(입)		사람이 땅 위에 서 있는 모양이 바뀌어서 만들어졌어요.
不 아닐 불(부)		새가 하늘 높이 올라가 돌아오지 않는 모양이 바뀌어서 만들어졌어요.
動 움직일 동		무거운 짐을 옮기는 모습이 바뀌어서 만들어졌어요.
物 물건 물		무리를 지어 움직이는 소의 모양이 바뀌어서 만들어졌어요. 의미가 확대되면서 '눈에 보이는 구체적인 것, 물건'의 뜻이 되었어요.

이번 주에 학습할 한자를 보고 생각나는 어휘를 자유롭게 떠올려 보세요.

월 일

하나 한자의 뜻과 소리를 읽어 보세요.

둘 한자의 뜻이 만들어진 배경(어원)을 상상해 보세요.

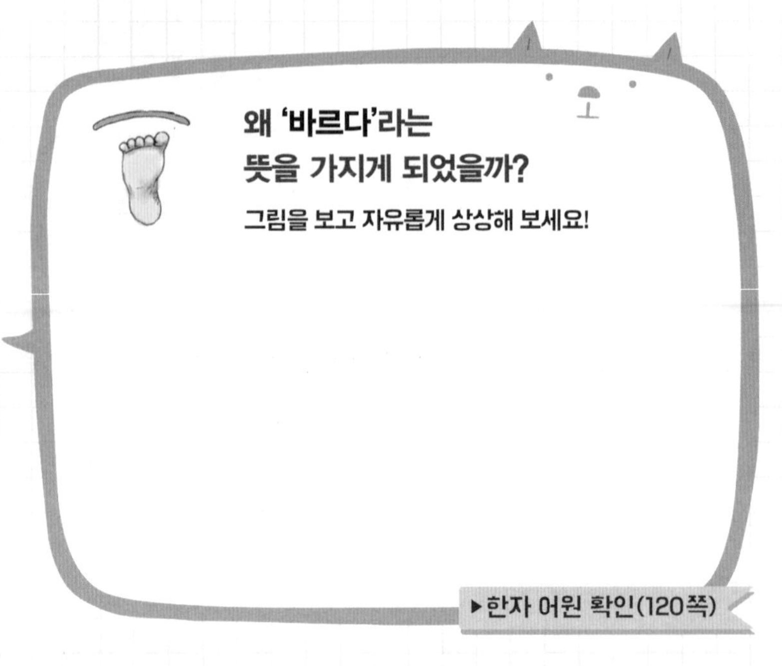

▸한자 어원 확인(120쪽)

초등 교과서 한자 어휘

교과서 한자 어휘를 소리 내어 읽고, 예문의 빈칸을 채워 보세요.

정답

正 + 답 (대답 答)

뜻 옳은 답. 바른 답.

예문

나는 30분동안 고민해서 문제의 ________ 을 찾았습니다.

정직

正 + 직 (곧을 直)

뜻 거짓이나 꾸밈이 없이 성품이 바르고 곧음.

예문

그는 항상 ________ 한 태도로 사람들을 대합니다.

어휘 확인 빈칸에 들어갈 알맞은 어휘를 찾아 선을 연결해 보세요.

정답 • • [ ]을 아는 것보다 풀이를 이해하는 것이 더 중요합니다.

정직 • • 부모님께서 늘 [ ]하게 행동하라고 가르치셨습니다.

문해력 향상 아래 글을 읽고 질문에 답해 보세요.

오늘 수업 시간에 골든벨 게임을 했어요. 선생님은 "오늘은 개인 보드판에 정답을 적어야 해요. 틀리면 정직하게 탈락자석으로 가야 해요!"라고 설명했어요. 첫 번째 문제는 "7+2는 얼마인가요?"였어요. 민수는 빠르게 보드판에 '9'라고 적었고, 선생님은 "정답! 민수는 계속 자리에 앉을 수 있어요!"라고 했어요. 그런데 지훈이는 '11'이라고 적고 자리에 앉아 있었어요. 선생님은 "지훈이는 틀렸어요. 정직하게 탈락자석으로 가세요!"라고 말했어요. 지훈이는 웃으며 탈락자석으로 이동했고, 다른 친구들은 그를 격려했어요.

❶ 빈칸에 들어갈 알맞은 숫자를 써 보세요.

지훈이는 보드판에 [ ]을 적어서 탈락자석으로 갔어요.

❷ "정직하게 탈락자석으로 가세요"에서 '정직'은 어떤 의미인가요?

① 다른 사람의 실수를 바로잡는 태도
② 남들에게 자랑을 하지 않는 태도
③ 자신이 잘못했다고 생각하지만, 고백하지 않는 태도
④ 자신의 실수나 틀린 점을 숨기지 않고 인정하는 태도

한자 쓰기 연습 오늘 배운 한자를 바르게 쓰며 익혀 보세요.

正 正 正 正 正

正

뜻 ____

소리 ____

월 일

하나 한자의 뜻과 소리를 읽어 보세요.

둘 한자의 뜻이 만들어진 배경(어원)을 상상해 보세요.

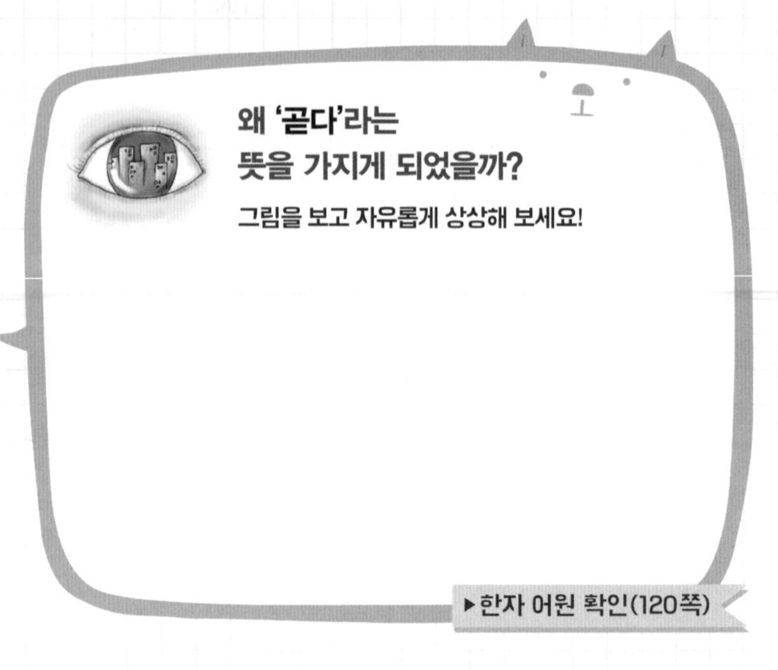

▸한자 어원 확인(120쪽)

초등 교과서 한자 어휘

교과서 한자 어휘를 소리 내어 읽고, 예문의 빈칸을 채워 보세요.

직립

直 + 립 (설 立)

뜻 꼿꼿하게 바로 섬.

예문

사람은 다른 동물과 달리 ________ 보행을 합니다.

직전

뜻 바로 앞. 일이 생기기 바로 전.

예문

민지는 2교시 ________에 교무실로 불려갔습니다.

어휘 확인 빈칸에 들어갈 알맞은 어휘를 찾아 선을 연결해 보세요.

직립 •	• 민아는 시험 [ ] 까지 교과서를 손에서 놓지 않았습니다.
직전 •	• 인간은 [ ] 보행을 하며 손을 자유롭게 사용합니다.

문해력 향상 아래 글을 읽고 질문에 답해 보세요.

우리 동생은 오늘 내가 학교 가기 직전까지 네 발로 기어다녔어요. 동생은 손과 무릎을 이용해서 바닥을 기어다니는 게 익숙했죠. 그런데 학교가 끝나고 집에 들어오자마자, 동생이 갑자기 몸을 일으켜 두 발로 서려고 했어요! 처음에는 두 손을 바닥에 대고 균형을 잡으려고 했지만, 조금씩 두 발을 땅에 대고 서더니 결국 두 발로 완전히 직립을 했어요. 나는 너무 놀라면서도 기뻐서 "와, 동생이 이제 서는 거야!"하며 응원했어요. 동생은 아직 불안정하지만, 조금씩 걷는 법을 배우고 있어요.

1 내가 학교를 가기 전까지 동생은 어떻게 이동했나요?

____

2 동생이 서려고 했을 때 처음에 어떤 행동을 했나요?

① 계속 바닥을 기어갔다.
② 두 손을 사용하지 않았다.
③ 바로 두 발로 서서 걷기 시작했다.
④ 두 손을 바닥에 대고 균형을 잡았다.

한자 쓰기 연습 오늘 배운 한자를 바르게 쓰며 익혀 보세요.

直 直 直 直 直 直 直 直

直

뜻 ________

소리 ________

월 일

하나 한자의 뜻과 소리를 읽어 보세요.

둘 한자의 뜻이 만들어진 배경(어원)을 상상해 보세요.

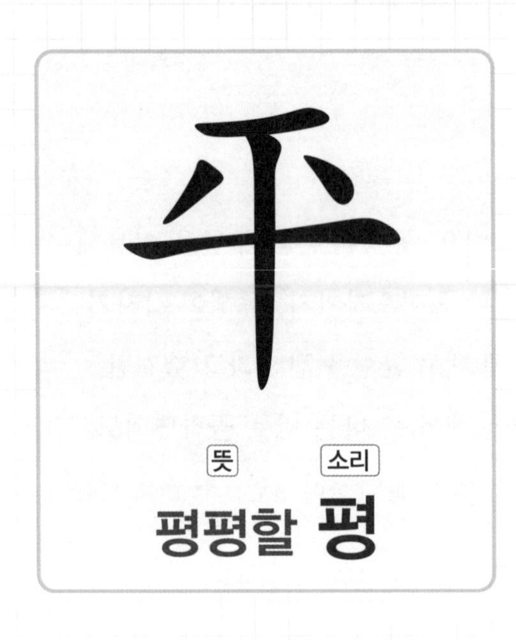

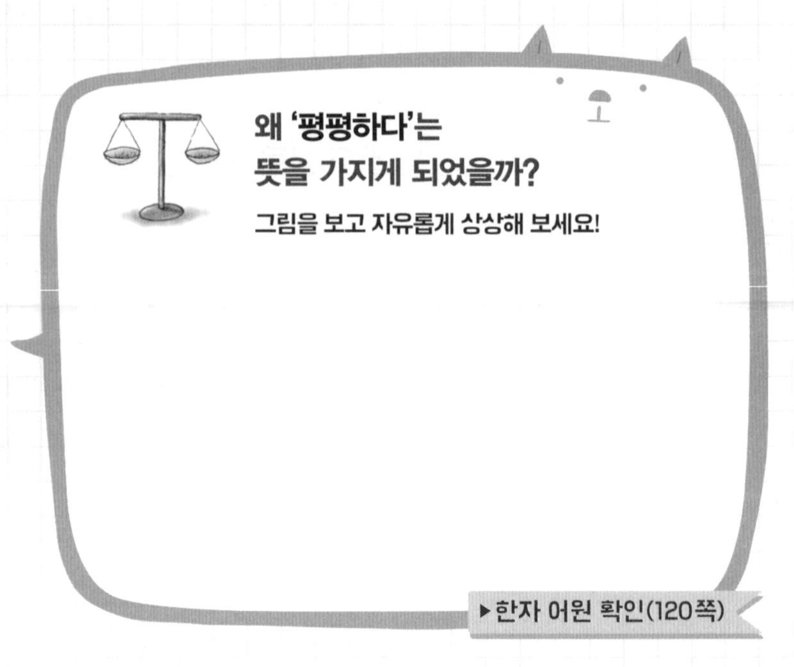

▸한자 어원 확인(120쪽)

초등 교과서 한자 어휘

교과서 한자 어휘를 소리 내어 읽고, 예문의 빈칸을 채워 보세요.

뜻 평평한 표면.

예문

도화지에 ________ 도형을 그렸습니다.

평생

平 + 생
날 生

뜻 세상에 태어나서 죽을 때까지의 동안.

예문

할머니는 ________ 모은 재산을 모두 기부했습니다.

어휘 확인 빈칸에 들어갈 알맞은 어휘를 찾아 선을 연결해 보세요.

평면 •	• 그날의 기쁨은 [ ] 기억할 것입니다.
평생 •	• 나무의 울퉁불퉁한 면을 다듬어 [ ]으로 만들었습니다.

문해력 향상 아래 글을 읽고 질문에 답해 보세요.

세상이 모두 평면이라면, 하늘도 땅도 모두 평평하고, 모든 것들이 똑같이 보일 거예요. 축구공도 평면이 되어 발로 차면 굴러가지 않고, 그냥 튕길 것 같아요. 만약 내가 평면 세상에서 평생 살게 된다면, 매일 똑같은 풍경만 보게 될 거예요. 멀리 가도 새로운 곳은 없고, 모든 것이 똑같이 펼쳐져 있을 테니까요. 그래서 나는 평면 세상보다, 평생 신나는 변화가 가득할 입체적인 세상에서 사는 것이 훨씬 더 좋을 것 같아요!

1 **빈칸에 들어갈 알맞은 말을 써 보세요.**

평면 세상에서는 축구공이 [ ][ ][ ][ ] 않고, 그냥 튕길 것 같아요.

2 **다음 중 평면 세상에서 볼 수 있는 것을 골라 보세요.**

① 평평한 종이
② 둥근 축구공
③ 우뚝 솟은 산
④ 뾰족한 나무

한자 쓰기 연습 오늘 배운 한자를 바르게 쓰며 익혀 보세요.

平 平 平 平 平

平

뜻 ________

소리 ________

월 일

하나 한자의 뜻과 소리를 읽어 보세요.

둘 한자의 뜻이 만들어진 배경(어원)을 상상해 보세요.

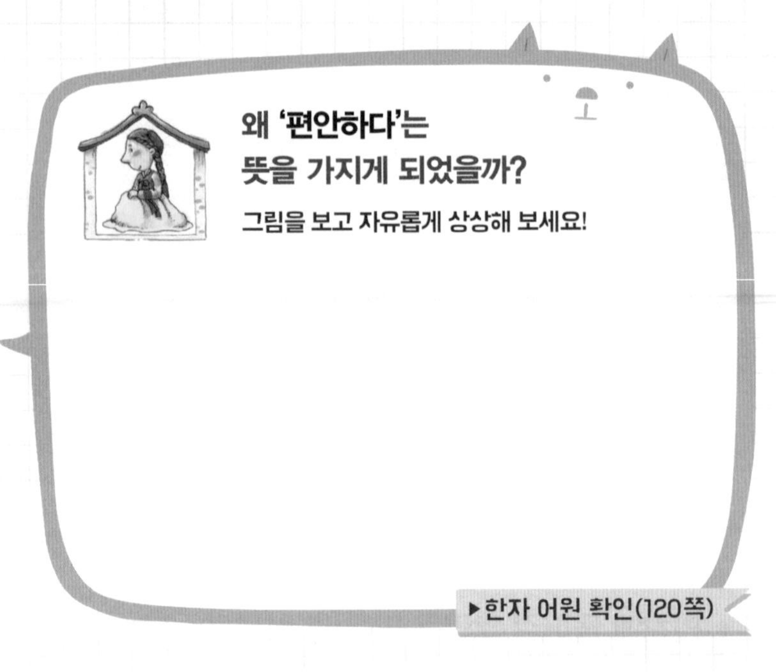

▶한자 어원 확인(120쪽)

초등 교과서 한자 어휘

교과서 한자 어휘를 소리 내어 읽고, 예문의 빈칸을 채워 보세요.

안심

安 + 심 (마음 心)

뜻 모든 걱정을 떨쳐 버리고 마음을 편히 가짐.

예문

무농약 농작물은 ________하고 먹을 수 있습니다.

안전

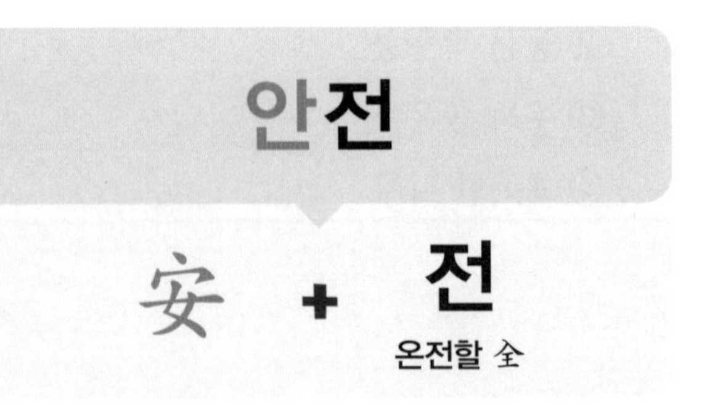

뜻 위험이 생기거나 사고가 날 일이 없음.

예문

길을 건널 때 좌우를 살피고 ________에 유의합니다.

어휘 확인 빈칸에 들어갈 알맞은 어휘를 찾아 선을 연결해 보세요.

안심	수술이 성공적으로 끝나자 가족들은 [ ] 했습니다.
안전	놀이기구를 탈 때는 [ ] 수칙을 지켜야 합니다.

문해력 향상 아래 글을 읽고 질문에 답해 보세요.

오늘 수업 중에 갑자기 사이렌 소리가 났어요. 모두가 깜짝 놀라서 당황했지만, 선생님은 "여러분, 안전하게 운동장으로 대피합시다!"라고 했어요. 우리는 선생님 말씀을 따라 질서 있게 운동장으로 갔어요. 운동장에 모두 모였을 때, 선생님은 "오늘은 학교 소방 훈련을 하는 날이에요. 모두 잘 대피했어요!"라고 말했어요. 그 말을 듣고 나서야 우리는 안심했어요. 훈련을 마친 후, 모두가 편안한 얼굴을 하고 다시 교실로 돌아갔답니다.

❶ 사이렌 소리가 난 후, 우리는 어디로 대피했나요?

___

❷ 모두 대피하고 나서, 선생님은 오늘 무슨 훈련을 했다고 했나요?

___

한자 쓰기 연습 오늘 배운 한자를 바르게 쓰며 익혀 보세요.

安 安 安 安 安 安

安

뜻 ___

소리 ___

월 일

하나 한자의 뜻과 소리를 읽어 보세요.

둘 한자의 뜻이 만들어진 배경(어원)을 상상해 보세요.

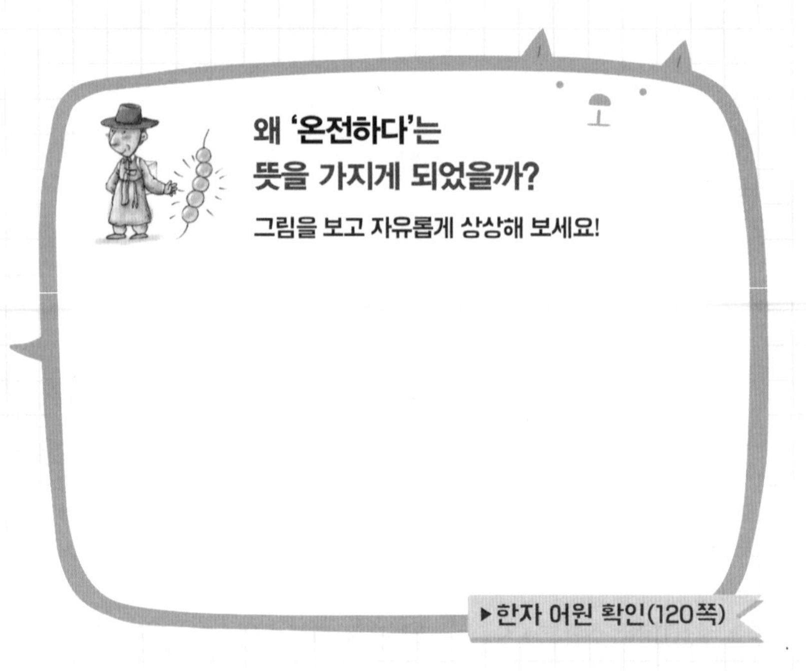

▶한자 어원 확인(120쪽)

초등 교과서 한자 어휘

교과서 한자 어휘를 소리 내어 읽고, 예문의 빈칸을 채워 보세요.

뜻 모든 면. 전체.

예문

이 카페는 ________이 유리창으로 되어 있습니다.

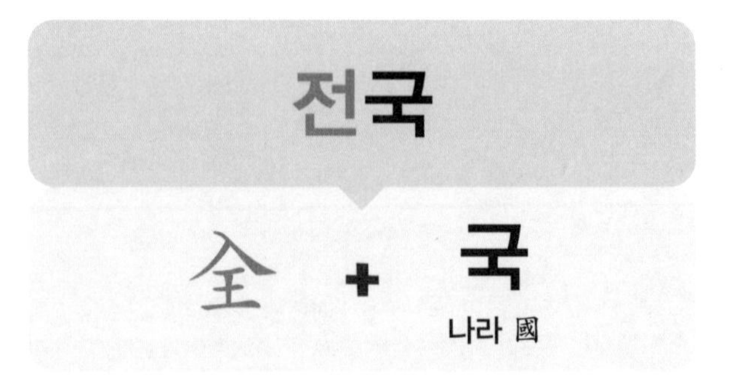

뜻 한 나라의 전체. 온 나라.

예문

맛있는 음식을 찾아서 ________ 방방곡곡을 돌았습니다.

어휘 확인 빈칸에 들어갈 알맞은 어휘를 찾아 선을 연결해 보세요.

전면 •	• 오늘 [ ] 적으로 비 소식이 있습니다.
전국 •	• 선생님께서 칠판 [ ] 에 커다란 그림을 그려 주셨어요.

문해력 향상 아래 글을 읽고 질문에 답해 보세요.

우리 동네는 전면에 아름다운 바다가 펼쳐져 있어서, 특별한 경치로 전국에 소문이 났어요. 바다는 깨끗하고 맑아, 여름이면 해수욕을 즐기려는 사람들로 북적이죠. 바다뿐만 아니라, 동네 주변에는 아름다운 산책로와 맛있는 음식점도 많아서, 전국 각지에서 관광객들이 찾아와요. 동네 사람들은 관광객들을 반갑게 맞이하며, 우리 동네의 아름다움을 자랑해요.

1 우리 동네는 왜 특별한 경치로 전국에 소문이 났나요?

____

2 우리 동네에 많은 관광객이 찾아오는 이유는 무엇인가요?

① 날씨가 항상 맑아서
② 사람들이 많이 사는 도시라서
③ 바다와 산책로가 아름다워서
④ 도로가 편리하게 잘 되어 있어서

한자 쓰기 연습 오늘 배운 한자를 바르게 쓰며 익혀 보세요.

全 全 全 全 全 全

全

뜻 ____________

소리 ____________

36-40 복습

월 일

❶ 빈칸에 공통으로 들어가는 한자를 연결해 보세요.

①	□답	□직	正 바를 정
②	□립	□전	平 평평할 평
③	□면	□생	安 편안 안
④	□심	□전	全 온전할 전
⑤	□면	□국	直 곧을 직

❷ 어휘의 뜻을 읽고 어휘 열쇠를 완성해 보세요.

가로 열쇠

① 거짓이나 꾸밈이 없이 성품이 바르고 곧음.

② 바로 앞. 일이 생기기 바로 전.

세로 열쇠

③ 꼿꼿하게 바로 섬.

④ 모든 면. 전체.

❶	❸	■	■
■		■	■
■	■	❷	❹
■	■	■	

③ 그림과 관련 있는 어휘를 골라 동그라미 표시해 보세요.

❶

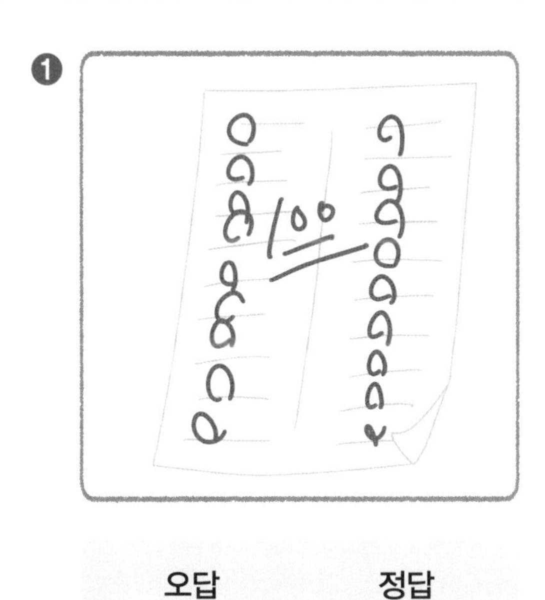

❷

오답　　정답

불안　　안심

④ 문장을 읽고 빈칸에 알맞은 번호를 보기에서 찾아 써 보세요.

❶ 전국	❷ 안전	❸ 안심	❹ 평생	❺ 평면	❻ 정답

① 무엇보다 중요한 것은 아이들의 [　　　] 을 지키는 거예요.

② 그날의 기억을 아마 [　　　] 동안 잊지 못할 거예요.

③ 나는 강아지 쫑이의 검사 결과를 듣고 나서 [　　　] 했어요.

④ 그 문제의 [　　　] 은 생각보다 간단했어요.

⑤ 나는 [　　　] 방방곡곡을 여행하며 사진에 풍경을 담았어요.

⑥ 학교에서 입체 도형과 [　　　] 도형을 배웠어요.

한자	뜻이 만들어진 배경	
正 바를 정		목표 지점을 향하여 곧바로 나아가는 모양이 바뀌어서 만들어졌어요.
直 곧을 직		똑바로 서 있는 물체를 보는 모습이 바뀌어서 만들어졌어요.
平 평평할 평		저울대가 평평히 균형을 이루는 모양이 바뀌어서 만들어졌어요.
安 편안 안		여자가 집 안에 있는 모양으로 편안한 것을 나타내게 되었어요.
全 온전할 전		산에서 캐낸 옥 중에서 흠없는 옥만 골라 갖고 온다는 데에서 '온전하다'는 의미가 되었어요.

이번 주에 학습할 한자를 보고 생각나는 어휘를 자유롭게 떠올려 보세요.

월 일

하나 한자의 뜻과 소리를 읽어 보세요.

둘 한자의 뜻이 만들어진 배경(어원)을 상상해 보세요.

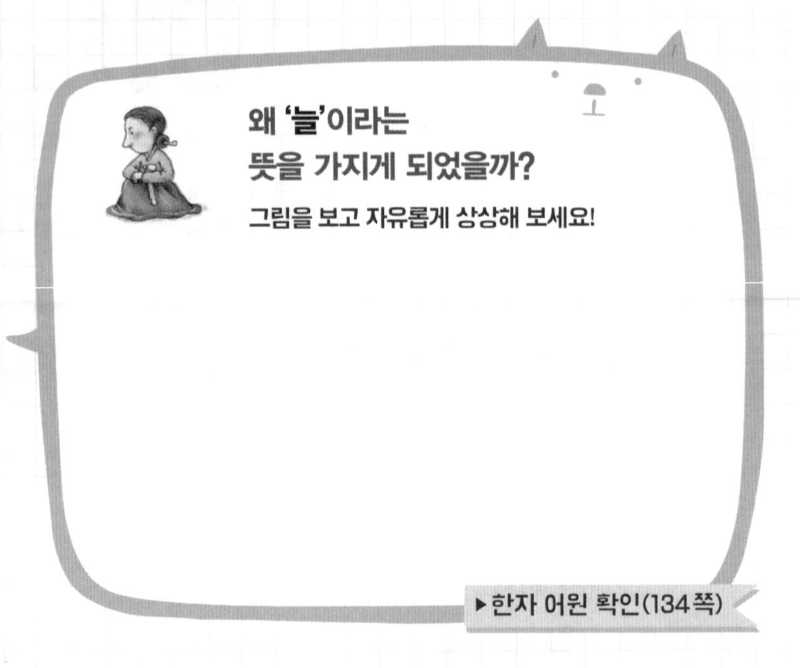

▸한자 어원 확인(134쪽)

초등 교과서 한자 어휘

교과서 한자 어휘를 소리 내어 읽고, 예문의 빈칸을 채워 보세요.

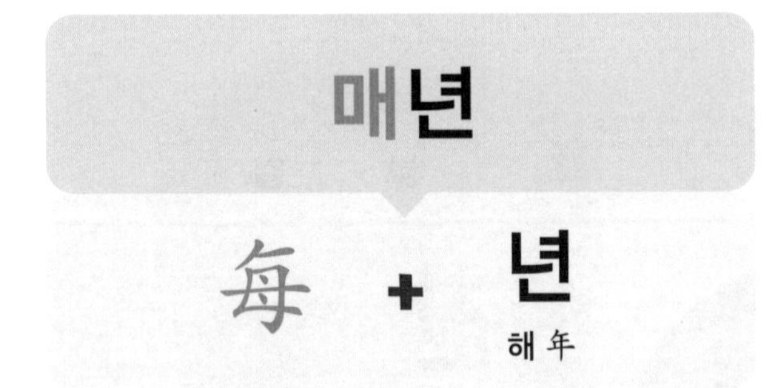

뜻 한 해 한 해. 해마다.

예문

지구의 기온이 ________ 상승하고 있습니다.

뜻 하나하나의 모든 일.

예문

철수는 ________에 빈틈이 없습니다.

어휘 확인 빈칸에 들어갈 알맞은 어휘를 찾아 선을 연결해 보세요.

매년	• •	그는 [ ]에 신중하게 일합니다.
매사	• •	[ ] 크리스마스에 트리를 꾸밉니다.

문해력 향상 아래 글을 읽고 질문에 답해 보세요.

우리 동네에는 매년 겨울에 눈이 많이 내려요. 눈이 쌓이면 모두들 거리로 나와 눈사람을 만들고 눈싸움을 하며 겨울을 즐기죠. 올해도 어김없이 눈이 펑펑 내리자, 우리는 다치지 않고 안전하게 놀기 위해 매사에 신경 썼어요. 집 앞의 눈을 깨끗하게 쓸고, 눈싸움을 할 때도 서로에게 피해가 가지 않도록 조심하면서 즐겼죠. 이렇게 서로 배려하니, 우리 동네의 겨울은 언제나 포근하고 즐거워요!

❶ 우리는 눈이 쌓이면, 어떤 방식으로 즐기나요?

___

❷ 사람들이 매사에 신경을 쓴 이유는 무엇인가요?

___

한자 쓰기 연습 오늘 배운 한자를 바르게 쓰며 익혀 보세요.

每 每 每 每 每 每 每

每

뜻 ___

소리 ___

월 일

하나 한자의 뜻과 소리를 읽어 보세요.

둘 한자의 뜻이 만들어진 배경(어원)을 상상해 보세요.

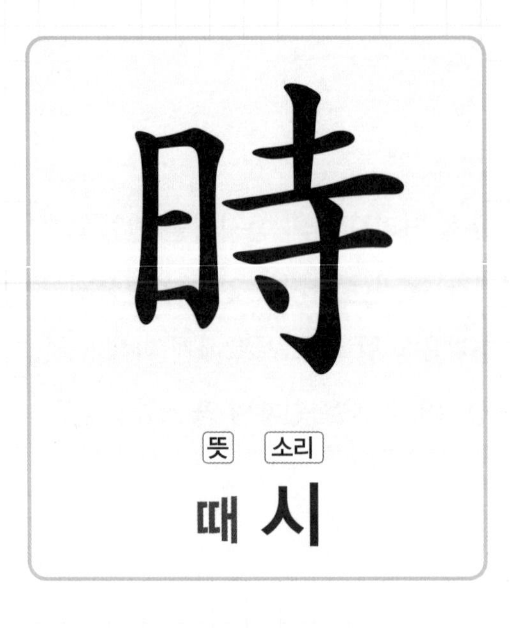

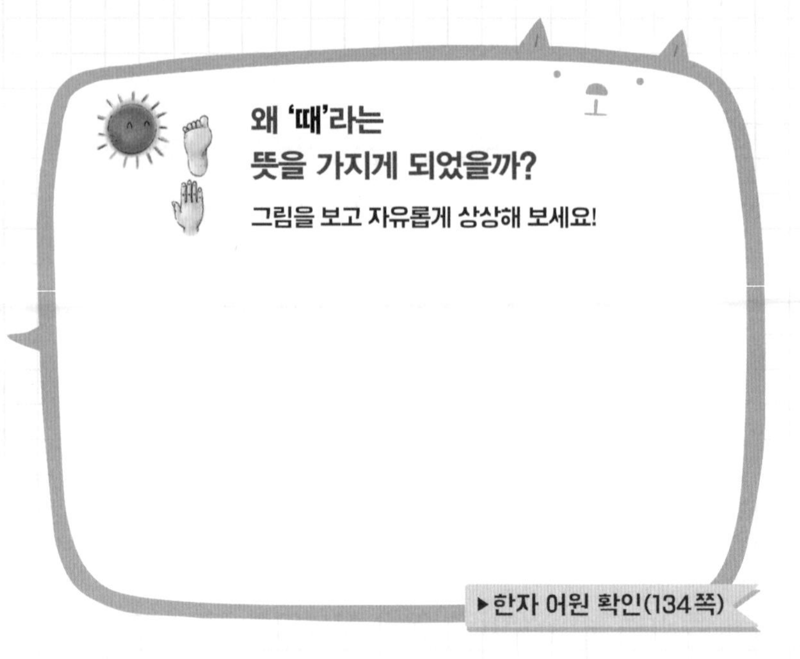

▸한자 어원 확인(134쪽)

초등 교과서 한자 어휘

교과서 한자 어휘를 소리 내어 읽고, 예문의 빈칸을 채워 보세요.

시간

時 + 간 (사이 間)

뜻 어떤 시각에서 어떤 시각까지의 사이.

예문

두 ________ 동안 집중해서 영화 한 편을 봤습니다.

시공

뜻 시간과 공간을 합쳐서 부르는 말.

예문

우주는 ________을 초월한 신비로운 세계입니다.

어휘 확인 빈칸에 들어갈 알맞은 어휘를 찾아 선을 연결해 보세요.

시간 •		• 영화 주인공이 [ ]을 초월해 순간 이동합니다.
시공 •		• 시험까지 남은 [ ]이 얼마 없습니다.

문해력 향상 아래 글을 읽고 질문에 답해 보세요.

오늘은 특별한 수업이 있었어요! 선생님은 우리에게 시간 여행에 대해 이야기해 주었어요. "만약 시공을 넘을 수 있다면, 우리는 과거로 돌아가거나 미래로 갈 수 있어요!" 선생님은 우리에게 시공이란 시간과 공간이 함께 연결된 것이라고 설명했어요. 우리는 시간 여행을 떠나서 공룡이 살던 시대로 가거나, 미래의 로봇들이 있는 세상으로 가는 상상을 했어요. 나는 '만약 내가 시간을 조절할 수 있다면, 매일 재미있는 모험을 떠날 거야!'라고 생각했어요. 시공을 넘는 여행이 정말 멋지게 느껴졌답니다.

1 시공이란 무엇인가요?

① 미래에만 있는 것

② 시간만 있는 것

③ 공간만 있는 것

④ 시간과 공간이 연결된 것

2 여러분이 시간 여행을 할 수 있다면, 어디로 가고 싶은가요? 그 이유는 무엇인가요?

____

한자 쓰기 연습 오늘 배운 한자를 바르게 쓰며 익혀 보세요.

時 時 時 時 時 時 時 時 時 時

時

뜻 ________

소리 ________

월 일

하나 한자의 뜻과 소리를 읽어 보세요.

둘 한자의 뜻이 만들어진 배경(어원)을 상상해 보세요.

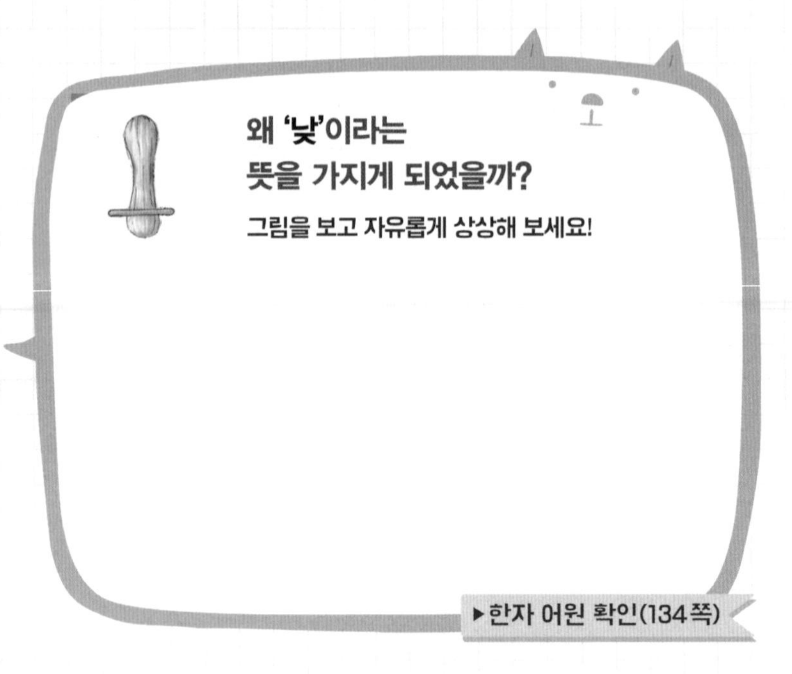

▸한자 어원 확인(134쪽)

초등 교과서 한자 어휘

교과서 한자 어휘를 소리 내어 읽고, 예문의 빈칸을 채워 보세요.

오후

午 + 후 (뒤 後)

뜻 낮 12시부터 밤 12시까지의 시간.

예문

________가 되니 졸음이 밀려옵니다.

정오

정 (바를 正) + 午

뜻 낮 12시.

예문

나는 ________에 점심을 먹습니다.

어휘 확인 빈칸에 들어갈 알맞은 어휘를 찾아 선을 연결해 보세요.

오후 • • 민지는 [ ] 내내 도서관에서 공부했습니다.

정오 • • 태양은 [ ]에 가장 높게 떠오릅니다.

문해력 향상 아래 글을 읽고 질문에 답해 보세요.

오늘 아침을 안 먹고 학교에 갔더니, 수업 시간에 배가 너무 고팠어요. 게다가 수업 중에 자꾸 배가 꼬르륵 울려서 너무 부끄러웠어요. 수업이 끝난 후, 선생님께 점심시간이 언제인지 물어봤더니 선생님은 "정오가 되면 점심시간이 시작돼요."라고 말했어요. 나는 정오까지 기다리기가 너무 길게 느껴졌지만, 결국 기다린 보람이 있었어요. 점심을 먹고 나니 배도 든든하고, 오후 수업도 집중해서 잘 들을 수 있었답니다.

1 그림을 보고 '정오'를 나타내는 시계를 골라 보세요.

① ② ③ ④

2 나는 왜 수업 시간에 부끄러웠나요?

____

한자 쓰기 연습 오늘 배운 한자를 바르게 쓰며 익혀 보세요.

午 午 午 午

午

뜻 ________

소리 ________

월 일

하나 한자의 뜻과 소리를 읽어 보세요.

둘 한자의 뜻이 만들어진 배경(어원)을 상상해 보세요.

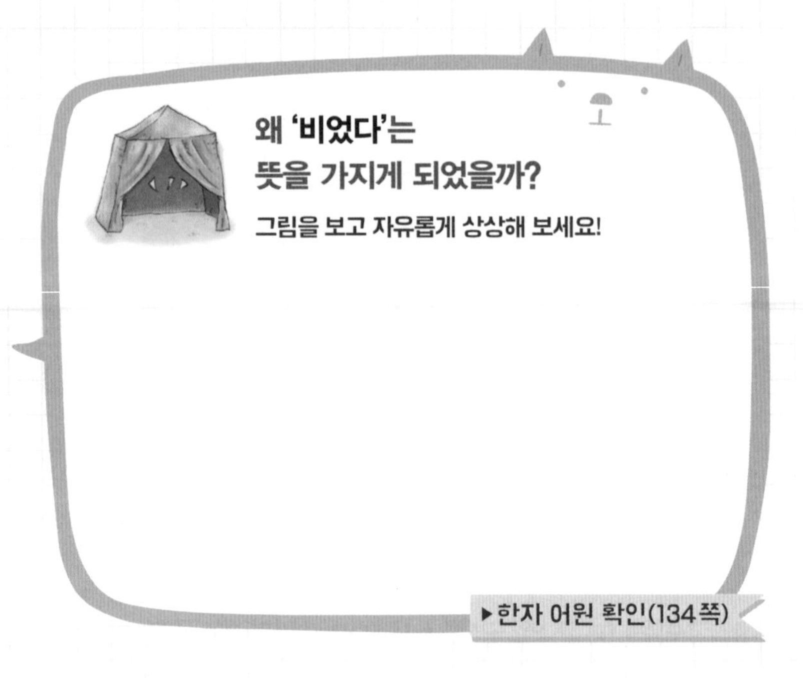

▶한자 어원 확인(134쪽)

초등 교과서 한자 어휘

교과서 한자 어휘를 소리 내어 읽고, 예문의 빈칸을 채워 보세요.

공간

空 + 간 (사이 間)

뜻 아무것도 없이 비어 있는 곳. 무언가가 있을 수 있는 자리.

예문

방에 잡동사니를 수납할 ________이 부족합니다.

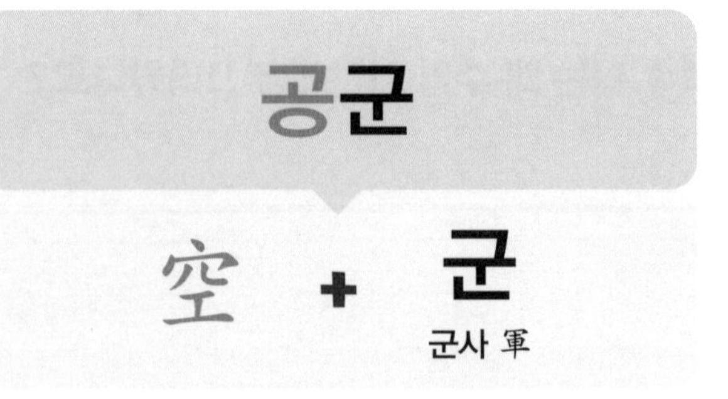

공군

空 + 군 (군사 軍)

뜻 주로 하늘에서 공격과 방어를 수행하는 군대.

예문

국군의 날을 맞아 ________이 비행을 선보였습니다.

어휘 확인 빈칸에 들어갈 알맞은 어휘를 찾아 선을 연결해 보세요.

공간 •		• 도서관은 조용한 학습 ☐ 입니다.
공군 •		• 민지는 ☐ 조종사가 되는 것이 꿈입니다.

문해력 향상 아래 글을 읽고 질문에 답해 보세요.

오늘 선생님은 공군에 대해 설명해 주었어요. 선생님은 "공군은 하늘을 지키는 군대예요. 하늘은 우리가 누리는 공간 중 하나인데, 그 공간을 지키는 것이 공군의 임무예요."라고 말했어요. 우리가 살고 있는 세상은 공간이 정말 많아요. 땅도 있고, 바다도 있고, 하늘도 있죠. 공군은 그 중에서 높은 하늘을 지키고, 나라를 안전하게 보호하는 중요한 일을 해요. 하늘을 날아서 위험한 일이 생기지 않도록 보호하죠.

❶ 공군의 임무는 무엇인가요?

____

❷ 다음 중 '공간'에 해당하지 않는 것은 무엇인가요?

① 산
② 바다
③ 시계
④ 하늘

한자 쓰기 연습 오늘 배운 한자를 바르게 쓰며 익혀 보세요.

空 空 空 空 空 空 空 空

空										

뜻 ________

소리 ________

월 일

하나 한자의 뜻과 소리를 읽어 보세요.

둘 한자의 뜻이 만들어진 배경(어원)을 상상해 보세요.

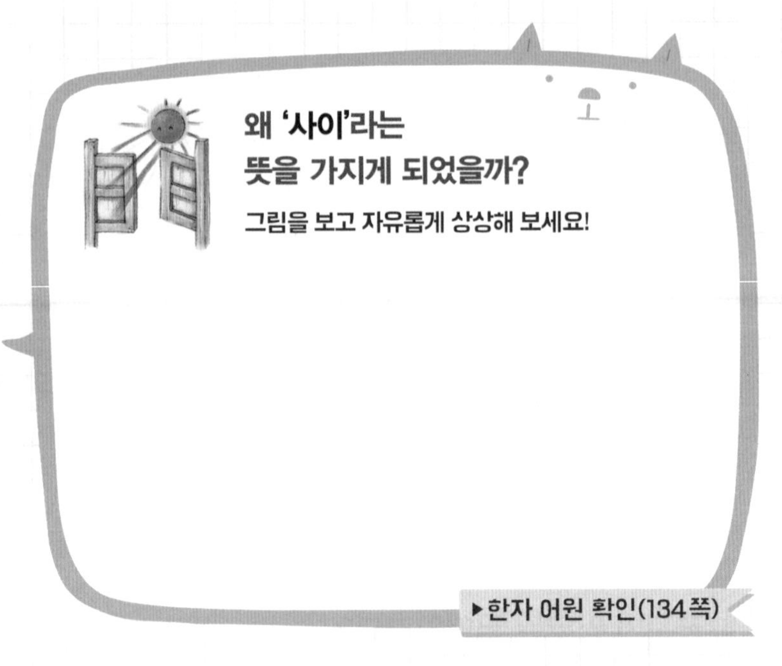

▸한자 어원 확인(134쪽)

초등 교과서 한자 어휘

교과서 한자 어휘를 소리 내어 읽고, 예문의 빈칸을 채워 보세요.

간식

間 + 식(밥 食)

뜻 밥과 밥 사이, 식사가 아닌 중간에 먹는 음식.

예문

방과후 활동 전에 ________으로 포도를 먹었습니다.

연간

뜻 한 해 동안.

예문

이 책은 ________ 10만 부가 팔린 베스트셀러입니다.

어휘 확인 빈칸에 들어갈 알맞은 어휘를 찾아 선을 연결해 보세요.

간식	•	• 덕수궁의 ☐ 관람객이 500만 명을 넘었습니다.
연간	•	• 민아는 ☐ 으로 시원한 주스를 마셨습니다.

문해력 향상 아래 글을 읽고 질문에 답해 보세요.

우리 학교에서는 연간 5회 간식 만들기 대회가 열려요! 첫 대회에서는 민수가 호떡을 만들었어요. 모두가 맛있게 먹으면서 칭찬을 아끼지 않았죠. 그리고 이번 대회에서는 민수가 탕후루를 준비했어요. 탕후루는 요즘 유행하는 간식으로, 딸기와 포도를 꼬치에 꽂고 달콤한 설탕을 입혀 반짝반짝 예뻐요. 친구들은 "이번 대회 간식도 너무 맛있다!"며 좋아했어요. 새롭고 맛있는 간식을 나누다 보면, 자연스럽게 서로 웃고 이야기하게 돼요. 그래서 이 대회는 친구들과 한층 더 가까워지는 기회가 된답니다.

1 민수가 이번 대회에서 만든 간식은 무엇이었나요?

____

2 지난 대회가 첫 대회였고, 이번 대회에서 민수가 탕후루를 만들었어요. 이번 대회는 몇 번째 대회일까요?

① 첫 번째 대회　　② 두 번째 대회

③ 세 번째 대회　　④ 네 번째 대회

한자 쓰기 연습 오늘 배운 한자를 바르게 쓰며 익혀 보세요.

間 間 間 間 間 間 間 間 間 間 間 間

間

뜻 __________

소리 __________

41-45 복습

월 일

1 빈칸에 공통으로 들어가는 한자를 연결해 보세요.

① □년 □사 •
② □간 □공 •
③ □후 정□ •
④ □간 □군 •
⑤ □식 연□ •

• 時 때 시
• 每 매양 매
• 間 사이 간
• 空 빌 공
• 午 낮 오

2 어휘의 뜻을 읽고 어휘 열쇠를 완성해 보세요.

가로 열쇠

① 시간과 공간을 합쳐서 부르는 말.

② 아무것도 없이 비어 있는 곳.
무언가가 있을 수 있는 자리.

세로 열쇠

③ 주로 하늘에서 공격과 방어를 수행하는 군대.

④ 밥과 밥 사이, 식사가 아닌 중간에 먹는 음식.

❶	❸	■	■
■		■	■
■	■	❷	❹
■	■	■	

③ 그림과 관련 있는 어휘를 골라 동그라미 표시해 보세요.

❶

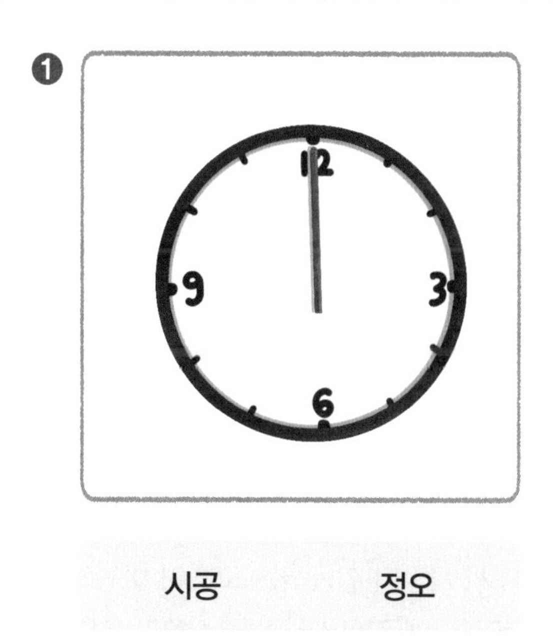

시공　　정오

❷

간식　　단식

④ 문장을 읽고 빈칸에 알맞은 번호를 보기에서 찾아 써 보세요.

❶ 연간　❷ 정오　❸ 오후　❹ 시간　❺ 매사　❻ 매년

① 오전에는 날이 맑다가 [　　] 네 시부터 비가 온대요.

② 우리 가족은 [　　] 이맘때쯤 여행을 떠나요.

③ 하루에 한 [　　]은 꼭 책을 읽어요.

④ 시계가 [　　]를 알리는 종을 열두 번 울렸어요.

⑤ 민지는 [　　]를 긍정적으로 생각하려고 해요.

⑥ 나는 동물원의 [　　] 입장권이 있어서 일 년 내내 갈 수 있어요.

09과 한자 어원 확인

한자	뜻이 만들어진 배경
每 매양 매	머리에 비녀를 꽂고 있는 어머니의 모양으로, 자식에게 어머니는 매양(늘) 좋은 사람이라는 데에서 만들어졌어요.
時 때 시	해가 떠서 사람이 활동하는 모습이 바뀌어서 만들어졌어요. 예로부터 사람들은 해가 뜨면 일어나고, 해가 지면 하루를 마무리했는데, 그 흐름을 '때'라고 했어요.
午 낮 오	절구공이를 세운 모양으로 절구공이의 그림자를 보고 한낮임을 알았다는 데에서 만들어졌어요.
空 빌 공	집안의 텅 비어 있는 공간이라는 의미에서 만들어졌어요.
間 사이 간	문틈으로 햇빛이 들어오는 모양이 바뀌어서 만들어졌어요.

이번 주에 학습할 한자를 보고 생각나는 어휘를 자유롭게 떠올려 보세요.

하나 한자의 뜻과 소리를 읽어 보세요.

둘 한자의 뜻이 만들어진 배경(어원)을 상상해 보세요.

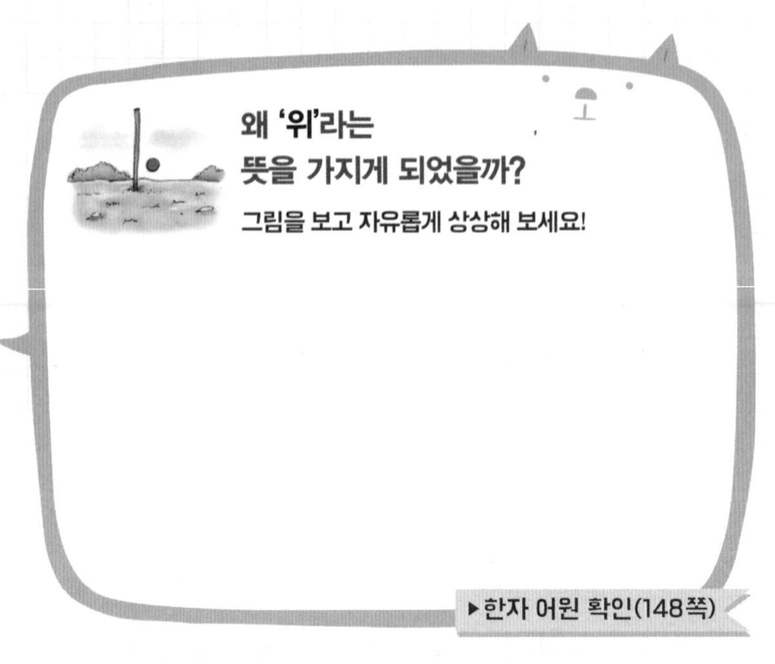

▶한자 어원 확인(148쪽)

초등 교과서 한자 어휘

교과서 한자 어휘를 소리 내어 읽고, 예문의 빈칸을 채워 보세요.

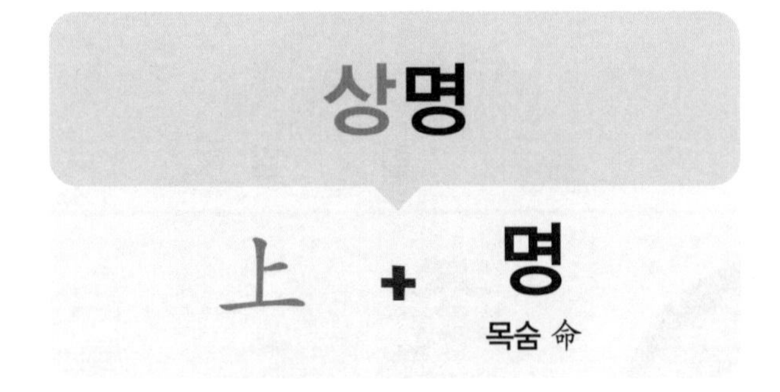

뜻 상부의 명령. 임금의 명령.

예문

부하들은 ________을 받고 따릅니다.

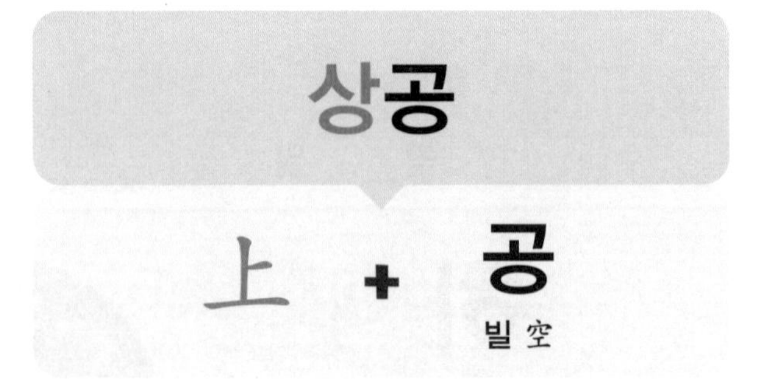

뜻 높은 하늘.

예문

열기구가 구름 위 ________까지 떠올랐습니다.

어휘 확인 빈칸에 들어갈 알맞은 어휘를 찾아 선을 연결해 보세요.

상명 •	• '[ ]하복'이란 위에서 명령하면 아래에서 복종한다는 뜻입니다.
상공 •	• 비행기가 [ ]에서 빠르게 지나갑니다.

문해력 향상 아래 글을 읽고 질문에 답해 보세요.

옛날, 조선시대에 왕이 중요한 일을 맡길 때는 상명을 내려 주었어요. 왕은 상명을 통해 사람들에게 일을 시켰지요. 어느 날, 왕이 상공에 있는 하늘의 신에게 기도를 하면서, 나라의 평화를 지켜달라고 빌었어요. 왕은 "이제 하늘에서 상공을 지키는 신들이 나라를 잘 돌봐줄 거야." 라고 말했어요. 그 말을 들은 사람들은 하늘의 신이 왕의 기도를 잘 들어줄 거라고 믿었답니다.

❶ 왕이 상공에 있는 신에게 기도한 이유는 무엇인가요?

____

❷ 빈칸에 들어갈 알맞은 말을 써 보세요.

왕은 [ ][ ]을 통해 사람들에게 일을 시켰어요.

한자 쓰기 연습 오늘 배운 한자를 바르게 쓰며 익혀 보세요.

上 上 上

上

뜻 ________

소리 ________

월 일

하나 한자의 뜻과 소리를 읽어 보세요.

둘 한자의 뜻이 만들어진 배경(어원)을 상상해 보세요.

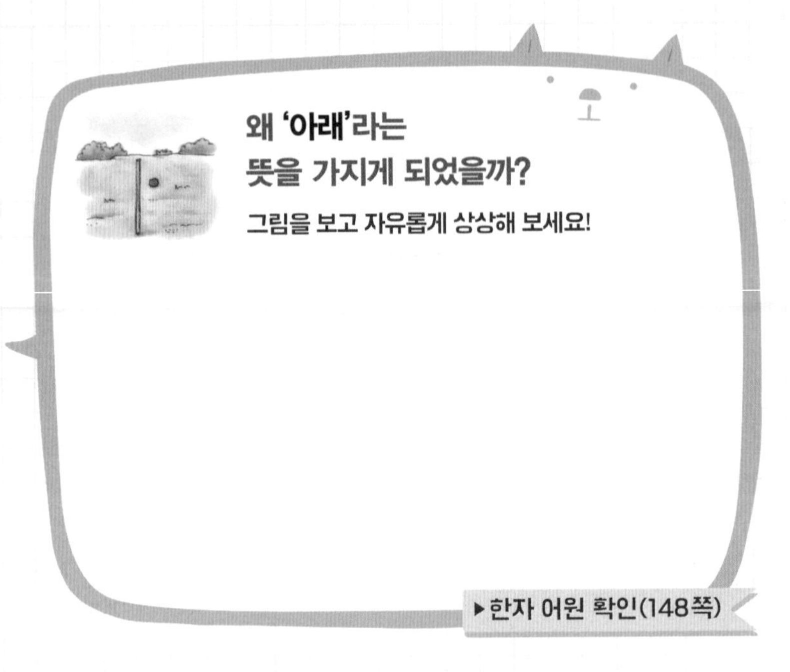

▸한자 어원 확인(148쪽)

초등 교과서 한자 어휘

교과서 한자 어휘를 소리 내어 읽고, 예문의 빈칸을 채워 보세요.

하산

下 + 산 (메 山)

뜻 산에서 내려옴.

예문

비가 오자 등산객들이 급히 ________했습니다.

하인

下 + 인 (사람 人)

뜻 아래 두고 부리는 사람. 종.

예문

왕궁에 수많은________들이 있었습니다.

어휘 확인 빈칸에 들어갈 알맞은 어휘를 찾아 선을 연결해 보세요.

하산 •		• 선비는 [ ] 을 데리고 산책을 나갔습니다.
하인 •		• 우리는 [ ] 후에 식당에서 따뜻한 국밥을 먹었습니다.

문해력 향상 아래 글을 읽고 질문에 답해 보세요.

옛날, 한 선비가 조용한 곳에서 공부하기 위해 하인 한 명을 데리고 깊은 산에 들어갔어요. 그는 그곳에서 일 년 동안 마음을 다해 공부하며 시간을 보냈죠. 시간이 흐르고, 공부를 마친 선비는 이제 하산을 하기로 결심했어요. "때가 되었으니 마을로 돌아가서 시험을 봐야겠다." 마침내 시험 날, 그는 열심히 공부한 덕분에 시험에서 훌륭한 성적을 받았어요. 그리고 마을에서 중요한 일을 맡게 되었답니다. 선비는 하인에게 따뜻한 미소를 지으며 말했어요. "너 덕분에 잘 공부할 수 있었단다. 정말 고맙다."

1 선비가 하산을 하기로 한 이유는 무엇인가요?

____

2 선비는 산에서 공부를 마친 후 무엇을 했나요?

① 계속 산에서 공부를 했다.
② 다른 나라로 여행을 떠났다.
③ 마을로 돌아가서 시험을 봤다.
④ 마을로 갔지만 시험을 보지 않았다.

한자 쓰기 연습 오늘 배운 한자를 바르게 쓰며 익혀 보세요.

下 下 下

下

뜻 ______

소리 ______

월 일

하나 한자의 뜻과 소리를 읽어 보세요.

둘 한자의 뜻이 만들어진 배경(어원)을 상상해 보세요.

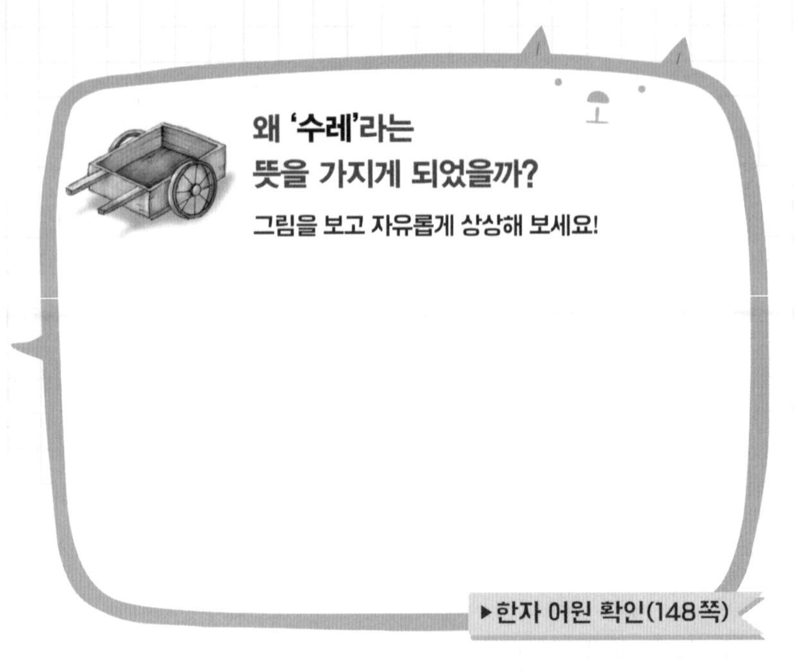

▸한자 어원 확인(148쪽)

초등 교과서 한자 어휘

교과서 한자 어휘를 소리 내어 읽고, 예문의 빈칸을 채워 보세요.

인력거

인(사람 人) + 력(힘 力) + 車

뜻 사람이 끄는 두 개의 큰 바퀴가 달린 수레.

예문

전통 시장에서 ________ 체험을 했습니다.

자동차

자(스스로 自) + 동(움직일 動) + 車

뜻 동력으로써 바퀴를 돌려 달리게 만든 차.

예문

________를 타고 목적지에 금방 도착했습니다.

어휘 확인 빈칸에 들어갈 알맞은 어휘를 찾아 선을 연결해 보세요.

인력거 •	• 아버지는 장거리 운전을 위해 [ ]를 점검했습니다.
자동차 •	• [ ]는 과거에 자주 사용하던 교통수단입니다.

문해력 향상 아래 글을 읽고 질문에 답해 보세요.

인력거는 옛날 사람들이 자주 사용했던 교통수단이에요. 인력거는 사람이 끌고 가는 작은 차로, 사람이 타고 이동할 수 있게 만들어졌어요. 주로 도시나 마을에서 짧은 거리를 이동할 때 사용되었죠. 인력거는 사람이 직접 끌어야 해서 빠르지 않았고, 사람의 힘이 많이 들어갔어요. 그러나 시간이 지나면서 자동차라는 새로운 교통수단이 등장했답니다. 자동차는 엔진으로 움직이기 때문에 인력거보다 훨씬 빠르고 편리했죠. 또 긴 거리를 빠르게 이동할 수 있어서 많은 사람들이 인력거를 대신해 자동차를 이용하게 되었어요. 오늘날 우리는 대부분 자동차를 사용하지만, 옛날 인력거는 그 시대의 중요한 교통수단이었어요.

1 그림을 보고 '인력거'를 골라 보세요.

① ②

2 인력거는 왜 자동차에 비해 느리게 이동했나요?

____

한자 쓰기 연습 오늘 배운 한자를 바르게 쓰며 익혀 보세요.

車 車 車 車 車 車 車

車

뜻 ____________

소리 ____________

월 일

하나 한자의 뜻과 소리를 읽어 보세요.

둘 한자의 뜻이 만들어진 배경(어원)을 상상해 보세요.

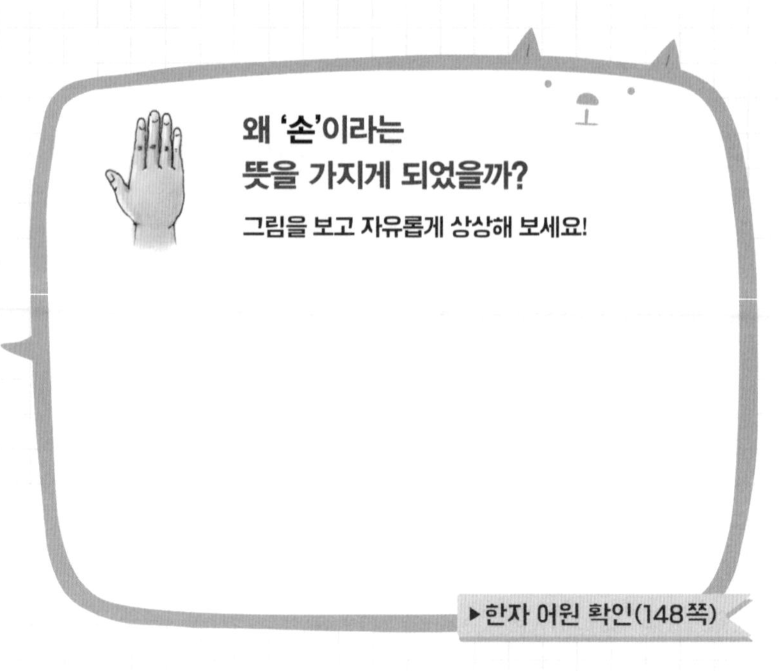

초등 교과서 한자 어휘

교과서 한자 어휘를 소리 내어 읽고, 예문의 빈칸을 채워 보세요.

가수

가 + 手
노래 歌

뜻 노래 부르는 것이 직업인 사람.

예문

현주는 우리 반에서 소문난 ________ 입니다.

명수

명 + 手
이름 名

뜻 기능이나 기술 따위에서 소질과 솜씨가 뛰어난 사람.

예문

그는 바둑의 ________ 입니다.

어휘 확인 빈칸에 들어갈 알맞은 어휘를 찾아 선을 연결해 보세요.

가수 •	•	[ ]의 노래 실력이 아주 뛰어납니다.
명수 •	•	그는 무술의 [ ]로 불립니다.

문해력 향상 아래 글을 읽고 질문에 답해 보세요.

옛날, 사격의 명수가 있었어요. 그는 예전에 국가대표로 활약하며 많은 대회에서 우승을 했어요. 그의 사격 실력은 누구도 따라올 수 없을 정도로 뛰어났죠. 하지만 어느 날, 그는 "이제 내가 할 일이 끝났다"며 사격의 명수로서 은퇴를 결심했어요. 얼마 후, 그는 가수가 되기로 마음을 굳혔어요. 노래로 사람들의 마음을 즐겁게 하는 것이 좋아졌기 때문이죠. 그는 가수가 되어 신나는 노래를 하고, 마을 사람들의 사기를 북돋아 주었어요. 사람들은 그가 사격의 명수에서 가수로 변신한 것을 보고 "이제 그는 사격뿐 아니라 노래의 고수가 되었어!"하며 칭찬했답니다.

1 빈칸에 들어갈 알맞은 말을 써 보세요.

그는 예전에 국가대표로 활약하며 많은 대회에서 [ ][ ]을 했어요.

2 사격의 명수가 은퇴 후 선택한 새로운 직업은 무엇이었나요?

① 목수

② 가수

③ 무용수

④ 축구 선수

한자 쓰기 연습 오늘 배운 한자를 바르게 쓰며 익혀 보세요.

手 手 手 手

手

뜻 ________

소리 ________

월 일

하나 한자의 뜻과 소리를 읽어 보세요.

둘 한자의 뜻이 만들어진 배경(어원)을 상상해 보세요.

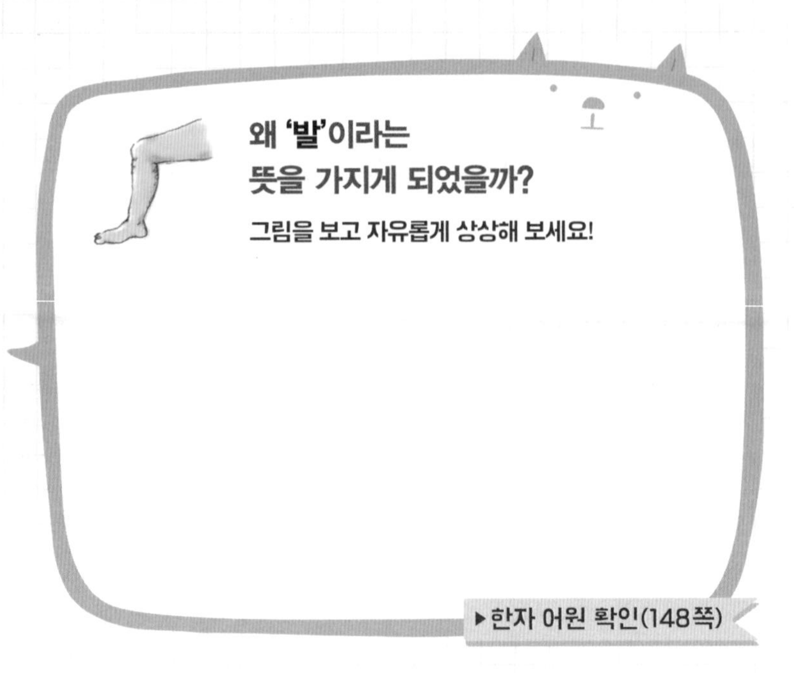

▸한자 어원 확인(148쪽)

초등 교과서 한자 어휘

교과서 한자 어휘를 소리 내어 읽고, 예문의 빈칸을 채워 보세요.

부족

부 + 足

아닐 不

뜻 필요한 양이나 기준에 미치지 못해 충분하지 아니함.

예문

우유 다섯 병이 필요한데, 한 병이 ________합니다.

수족

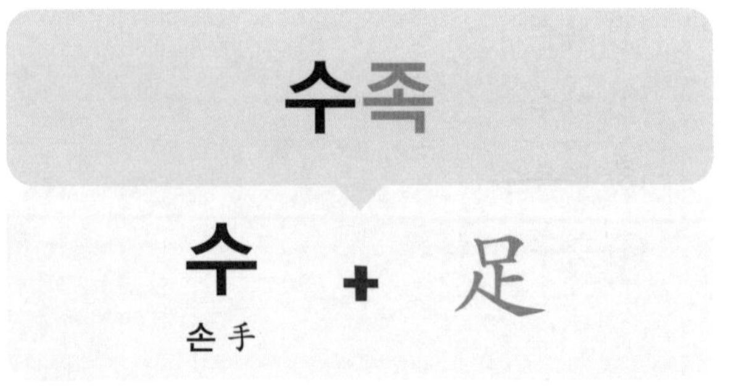

뜻 손과 발. 손발과 같이 마음대로 부리는 사람.

예문

할머니는 ________이 불편하셔서 혼자 움직이시기 어렵습니다.

어휘 확인 빈칸에 들어갈 알맞은 어휘를 찾아 선을 연결해 보세요.

부족 •		• 왕은 신하를 [ ] 처럼 함부로 부리며 기고만장했습니다.
수족 •		• 민아는 밥이 [ ] 해서 한 그릇을 더 먹었습니다.

문해력 향상 아래 글을 읽고 질문에 답해 보세요.

민재는 곤충 채집을 너무 좋아했어요. 하지만 곤충을 많이 잡고 싶은데, 채집통이 부족해서 사슴벌레를 잡을 수가 없었어요. 그때 친구 준호가 "내가 채집통을 빌려줄게!"라며 다가왔어요. 민재는 너무 기뻐서 고맙다고 말하고, 바로 채집을 시작했죠. 하지만 민재는 준호에게 자꾸만 부탁을 하게 되었어요. "채집통 좀 닦아줘!" "곤충 좀 대신 잡아줘!" 마치 준호가 자신의 수족인 것처럼 여기며 계속 부탁을 하자, 준호는 점점 지치고 힘들어졌어요. "민재, 나도 힘들어…" 준호가 말했지만, 민재는 그때까지 친구가 힘들어한다는 걸 몰랐어요. 그러다 민재는 준호의 피곤한 모습을 보고, "미안해, 준호야. 내가 너무 했네. 앞으로는 내가 너를 도와줄게!"라고 사과했어요. 그 후 민재는 준호와 함께 곤충을 잡으며, 서로 배려하는 좋은 친구가 되었답니다.

1 다음 이야기가 일어난 순서대로 번호를 매겨 보세요.

가. 민재는 준호에게 사과했다.
나. 민재는 채집통을 빌렸다.
다. 민재는 곤충을 잡기 시작했다.
라. 준호는 민재에게 힘들다고 말했다.

(정답: → → →)

2 준호는 왜 점점 지쳐 갔나요?

____

한자 쓰기 연습 오늘 배운 한자를 바르게 쓰며 익혀 보세요.

足 足 足 足 足 足 足

足

뜻 ________

소리 ________

46-50 복습

월 일

1 빈칸에 공통으로 들어가는 한자를 연결해 보세요.

①	□명	□공	•	• 足 발 족
②	□산	□인	•	• 上 윗 상
③	인력□	자동□	•	• 下 아래 하
④	가□	명□	•	• 車 수레 거(차)
⑤	부□	수□	•	• 手 손 수

2 어휘의 뜻을 읽고 어휘 열쇠를 완성해 보세요.

가로 열쇠

① 기능이나 기술 따위에서 소질과 솜씨가 뛰어난 사람.

② 아래 두고 부리는 사람. 종.

세로 열쇠

③ 손과 발. 손발과 같이 마음대로 부리는 사람.

④ 사람이 끄는 두 개의 큰 바퀴가 달린 수레.

■	■	❶	❸
❷	❹	■	
■		■	■
■		■	■

❸ 그림과 관련 있는 어휘를 골라 동그라미 표시해 보세요.

❶

하인 하산

❷

가수 목수

❹ 문장을 읽고 빈칸에 알맞은 번호를 보기에서 찾아 써 보세요.

❶ 부족	❷ 가수	❸ 자동차	❹ 하산	❺ 상공	❻ 상명

① 저는 시간이 [ ] 해서 숙제를 다 못 했어요.

② 아빠는 [ ] 를 타고 출근을 해요.

③ 어제 내가 좋아하는 [ ] 의 공연을 봤어요.

④ 비행기가 도심 [ ] 을 지나며 커다란 소리를 냈어요.

⑤ 군대는 [ ] 에 따라 즉시 이동 준비를 시작했어요.

⑥ 우리는 정상을 찍고 나서 해가 지기 전에 [ ] 했어요.

10과 한자 어원 확인

한자	뜻이 만들어진 배경	
上 윗 상		땅 위에 표시를 한 모양이 바뀌어서 만들어졌어요.
下 아래 하		땅 아래에 표시를 한 모양이 바뀌어서 만들어졌어요.
車 수레 거(차)		수레의 모양이 바뀌어서 만들어졌어요.
手 손 수		다섯 손가락을 편 모양이 바뀌어서 만들어졌어요.
足 발 족		무릎에서 발끝까지의 모양이 바뀌어서 만들어졌어요.

정답

1 일차

어휘 확인

강남 — 자전거를 타고 강북에서 **강남**으로 내려왔습니다.

강산 — '십 년이면 **강산**도 변한다'는 말은 세상의 변화를 의미합니다.

문해력 향상

❶ 강의 남쪽 ❷ ②

2 일차

어휘 확인

한강 — 여기에서는 **한강**이 한눈에 내려다 보입니다.

한문 — **한문** 수업 시간에 한자를 배우고 뜻을 익혔습니다.

문해력 향상

❶ 옛날에는 신문에 한문이 많이 쓰였는데 요즘은 거의 없기 때문에

❷ 한강

3 일차

어휘 확인

해군 — 커다란 **해군** 군함이 바다를 가르며 움직입니다.

해외 — 요즘에는 **해외** 여행자가 부쩍 늘었습니다.

문해력 향상

❶ 해군 군복을 입은 사람(해군)

❷ 다른 나라와 협력하여 훈련하고 임무를 수행하기 때문에

4 일차

어휘 확인

전기 — 태풍이 지나가면서 나무가 쓰러져 **전기**가 끊겼습니다.

전동차 — 나는 **전동차**를 타고 놀이공원을 구경했습니다.

문해력 향상

❶ 전동차

❷ 조용하고 빠르다.

5 일차

어휘 확인

기력 — 따뜻한 음식을 먹으니 **기력**이 회복된 것 같습니다.

기색 — 일터에서 돌아오신 아버지 얼굴에 피곤한 **기색**이 가득합니다.

문해력 향상

❶ 지훈이가 걱정됐기 때문에

❷ ②

1-5 복습

❶
강남/강산 — 江 강 강
한강/한문 — 漢 한수, 한나라 한
해군/해외 — 海 바다 해
전기/전동차 — 電 번개 전
기력/기색 — 氣 기운 기

❷

		❶전	❸기
			력
❷한	❹강		
	산		

❸ 강산(○) 바다 / 기력 전기(○)

❹ ① 2 전동차 ② 1 기색 ③ 5 한문 ④ 3 해외 ⑤ 6 강남 ⑥ 4 해군

6 일차

어휘 확인

시민 — **시내**에 백화점과 가게들이 밀집해 있습니다.

시내 — 지하철은 많은 **시민**들이 이용하는 교통수단입니다.

문해력 향상

❶ ④

❷ 즐겨 찾는

7 일차

어휘 확인

내부 — 책을 통해 자신의 **내면**을 더 깊이 이해할 수 있습니다.

내면 — 건물은 오래되었지만 **내부**는 새것처럼 깨끗합니다.

문해력 향상

❶ 형의 외면은 잘생겼고, 동생의 외면은 평범했다.

❷ 동생이 마을 사람들을 돕기 위해 뛰어다니며 많은 사람들의 생명을 구했기 때문에

8 일차

어휘 확인

공부 — 이 도시는 기계를 만드는 **공업**이 발달했습니다.

공업 — 성공한 사람들은 늘 **공부**하는 자세를 갖고 있습니다.

문해력 향상

❶ 공부를 안 한 탓에 어떻게 해야 할지 몰랐기 때문

❷ ③

9 일차

어휘 확인

장소 — 빛이 잘 드는 **장소**에 화분을 두었습니다.

농장 — 사과 **농장**에 가서 직접 사과를 따 보았습니다.

문해력 향상

❶ 농장의 식물들을 밟고 뛰어다녔기 때문에

❷ ③

10 일차

어휘 확인

인도 — **인도**에서는 자전거를 타면 안 됩니다.

도장 — 유도 시합 후에 **도장**을 깨끗하게 정리했습니다.

문해력 향상

❶ 차도

❷ ①

6-10 복습

❶
시민/시내 — 市 저자 시
내부/내면 — 內 안 내
공부/공업 — 工 장인 공
장소/농장 — 場 마당 장
인도/도장 — 道 길 도

❷

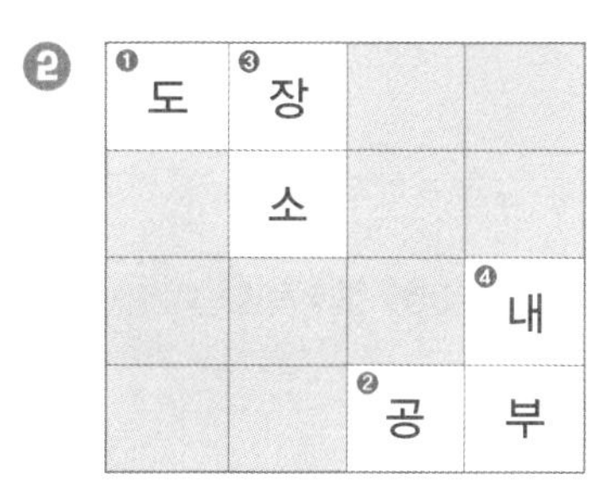

❸ (내부) 외부 (농장) 도장

❹ ① 2 농장 ② 3 공업 ③ 6 시민 ④ 5 시내 ⑤ 4 내면 ⑥ 1 인도

11 일차

어휘 확인

우측 — 길을 건널 때 좌측과 **우측** 모두 살펴봐야 합니다.

우회전 — **우회전**을 하기 위해 핸들을 오른쪽으로 움직였습니다.

문해력 향상

1. 선생님의 서류를 교무실에 전달하는 것
2. 교장실에 들어갔다.

12 일차

어휘 확인

좌수 — 그는 **좌수**로 공을 던지는 투수입니다.

좌우 — 파도가 치자 여객선이 **좌우**로 흔들렸습니다.

문해력 향상

1. ① – (나), ② – (가)
2. ③

13 일차

어휘 확인

전후 — 퇴근 시간 **전후**에는 도로가 매우 혼잡합니다.

사전 — 실수가 없도록 **사전**에 준비를 철저히 했습니다.

문해력 향상

1. 돗자리
2. ④

14 일차

어휘 확인

후세 — 그는 위대한 발명품을 만들어 **후세**에 이름을 남겼습니다.

후식 — 레스토랑에서 **후식**으로 망고 아이스크림이 나왔습니다.

문해력 향상

1. ③
2. 깨끗한 자연을 후세에 물려주기 위해서 활동을 했다.

15 일차

어휘 확인

방면 — 형은 여러 **방면**에 두루 관심이 많습니다.

사방 — 종소리가 **사방**으로 울려 퍼집니다.

문해력 향상

1. 팀을 만들어 운동장의 사방을 헤매며 보물을 찾았다.
2. 민수: 나는 빨리 달리는 법을 연습했어.
   준호: 나는 멀리 던지는 법을 연습했어.

11-15 복습

1.
   - 우측/우회전 — 右 오른 우
   - 좌수/좌우 — 左 왼 좌
   - 전후/사전 — 前 앞 전
   - 후세/후식 — 後 뒤 후
   - 방면/사방 — 方 모 방

2.

	❶우	회	❸전
			후
❷좌	❹우		
	측		

3. 좌회전 / (우회전) — 아침밥 / (후식)

4. ① 6 좌수 ② 1 사방 ③ 3 후식 ④ 5 사전 ⑤ 4 후세 ⑥ 2 방면

16 일차

어휘 확인

- 세상 — 여행을 다녀와서 **세상**을 보는 시야가 넓어졌습니다.
- 세대 — **세대** 간의 갈등을 줄이기 위해 대화가 필요합니다.

문해력 향상

❶ 롤러코스터와 회전목마에 줄을 서고, 달콤한 솜사탕도 잊지 않았다.

❷ 번쩍이는 귀신의 집

17 일차

어휘 확인

- 가문 — 그녀는 예술을 중시하는 **가문**에서 자랐습니다.
- 가사 — 아내와 남편은 퇴근 후에 **가사**를 분담하고 있습니다.

문해력 향상

❶ 아버지: 화장실 청소 어머니: 빨래와 설거지
민수: 장난감 정리 할머니: 부족한 가사 거들기

❷ ③

18 일차

어휘 확인

- 성명 — 서류의 **성명**란에 이름을 적어 주십시오.
- 성씨 — 이 마을에는 같은 **성씨**를 가진 사람들이 살고 있습니다.

문해력 향상

❶ 옛날 용감한 장군이 금빛 칼을 얻어 지켰다는 전설

❷ ④

19 일차

어휘 확인

- 명문 — **명문**을 필사하며 글쓰기 실력을 키웁니다.
- 인명 — 선거**인명**부에 선거권을 가진 사람이 써 있습니다.

문해력 향상

❶ 공자 ❷ ④

20 일차

어휘 확인

- 효도 — 부모님의 은혜에 보답하여 **효도**를 실천할 것입니다.
- 효녀 — 옛날부터 부모를 잘 모시는 사람을 **효녀**, 효자라 불렀습니다.

문해력 향상

❶ ② ❷ 아픈 엄마를 위해 요리를 하고 방을 정리했다.

16-20 복습

❶
- 세상/세대 — 世 인간 세
- 가문/가사 — 家 집 가
- 성명/성씨 — 姓 성씨 성
- 명문/인명 — 名 이름 명
- 효도/효녀 — 孝 효도 효

❷

	❸ 인		
❶ 성	명		❹ 명
		❷ 가	문

❸ (가사) 회사 (효녀) 가문

❹ ① 4 가사 ② 1 효도 ③ 5 세대 ④ 6 세상 ⑤ 3 성씨
⑥ 2 효녀

21 일차

어휘 확인

농부 — 가뭄이 들자, **농부**는 하늘만 바라보며 비를 기다렸습니다.

농토 — 기름진 **농토**에서 탐스러운 곡식이 자랐습니다.

문해력 향상

❶ 씨앗이 싹을 틔우기도 전에 참새들이 쪼아 먹었기 때문에

❷ ④

22 일차

어휘 확인

사후 — 체험학습이 끝나고 우리는 **사후** 활동으로 발표를 했습니다.

농사 — **농사**를 지으려면 많은 시간과 정성이 필요합니다.

문해력 향상

❶ 농사에 사후 관리가 중요하다는 점 ❷ ③

23 일차

어휘 확인

역도 — **역도** 선수가 정확한 자세로 바벨을 들어 올렸습니다.

역부족 — 문제가 너무 어려워서 셋이서 머리를 맞대도 **역부족**입니다.

문해력 향상

❶ '이건 힘들겠구나' 생각했다.

❷ 자신이 목표로 한 무게를 들어 올리는 데 성공했다.

24 일차

어휘 확인

남녀 — **남녀**의 수명을 비교하면, 남자보다 여자의 수명이 깁니다.

남녀노소 — 어른부터 아이까지 **남녀노소** 누구나 쉽게 체조를 따라합니다.

문해력 향상

❶ 남녀노소가 함께하는 미로 탐험 게임 ❷ ④

25 일차

어휘 확인

자녀 — 모든 부모는 **자녀**가 건강하게 자라기를 바랍니다.

자모 — 아이들은 공책에 한글 **자모**를 또박또박 쓰고 있습니다.

문해력 향상

❶ 수지와 민수 ❷ ①

21-25 복습

❶ 농부/농토 — 農 농사 농

사후/농사 — 事 일 사

역도/역부족 — 力 힘 력(역)

남녀/남녀노소 — 男 사내 남

자녀/자모 — 子 아들 자

❷

		❶농	❸사
			후
	❹자		
❷남	녀	노	소

❸ (농토) 강산 / 태권도 (역도)

❹ ① 2 남녀 ② 3 역부족 ③ 6 농부 ④ 1 자모 ⑤ 5 농토 ⑥ 4 역도

26 일차

어휘 확인

활력 — 노인은 젊은 사람처럼 **활력**이 넘쳐 보입니다.
생활 — 다이어트에는 **생활** 습관을 바꾸는 것이 중요합니다.

문해력 향상

❶ ④
❷ 몸도 마음도 한층 가벼워진 듯 기운이 솟았다.

27 일차

어휘 확인

식구 — 우리 집 **식구**는 총 다섯 명입니다.
식사 — 나는 늦잠을 자서 아침 **식사**를 거를 때가 많습니다.

문해력 향상

❶ ②
❷ 5, (본인의 가족 수를 자유롭게 기재하도록 합니다.)

28 일차

어휘 확인

화자 — 나는 소설 속 **화자**의 감정에 이입했습니다.
수화 — 그는 손짓과 표정을 활용한 **수화**로 감정을 전했습니다.

문해력 향상

❶ 저녁 뉴스가 시작되기를 기다렸다. ❷ ③

29 일차

어휘 확인

직답 — 기자의 날카로운 질문에도 그는 **직답**을 피하지 않았습니다.
동문서답 — 철수는 자주 **동문서답**을 해서 상대방을 당황하게 합니다.

문해력 향상

❶ "저는 피자요!"라고 답했다.
❷ ②

30 일차

어휘 확인

기입 — 서류에 전화번호와 주소를 **기입**해 주세요.
등기 — 친구는 **등기** 우편으로 내게 책을 보냈습니다.

문해력 향상

❶ 자신의 이름과 나이
❷ 직원에게 서류를 등기 우편으로 보내달라고 했다.

26-30 복습

❶
활력/생활 — 活 살 활
식구/식사 — 食 밥, 먹을 식
화자/수화 — 話 말씀 화
직답/동문서답 — 答 대답 답
기입/등기 — 記 기록할 기

❷

❸ 수			
❶ 화	자		
		❹ 등	
		❷ 기	입

❸ 가사 / (식사)   (수화) / 전화

❹ ① 6 활력 ② 3 식사 ③ 1 동문서답 ④ 5 생활
⑤ 4 식구 ⑥ 2 직답

31 일차

어휘 확인

자동 — 가까이 다가가자 문이 **자동**으로 열립니다.

자립 — 형은 **자립**하기 위해 열심히 일합니다.

문해력 향상

1. 뼈다귀
2. ②

32 일차

어휘 확인

기립 — 관객들은 가수에게 **기립** 박수를 보냈습니다.

입장 — 엄마는 동생과 나의 **입장**을 모두 들어보셨습니다.

문해력 향상

1. 무지개, 무지개
2. ③

33 일차

어휘 확인

불로장생 — 사람들은 **불로장생**을 꿈꾸며 약초를 찾았습니다.

불가능 — 협동 과제는 친구 간의 협력이 없으면 **불가능**합니다.

문해력 향상

1. 다. – 가. – 나. – 라.
2. 몸이 붕 뜨는 것처럼 가벼워지더니 하늘을 날게 되었다.

34 일차

어휘 확인

동력 — 주변의 응원이 나를 움직이게 하는 **동력**이 되었습니다.

동물 — 우리는 멸종 위기 **동물**을 보호해야 합니다.

문해력 향상

1. 동력
2. ① – (나), ② – (가)

35 일차

어휘 확인

만물 — 자연 속에서 **만물**이 조화를 이루며 살아갑니다.

생물 — 동물과 식물은 모두 **생물**입니다.

문해력 향상

1. ④
2. 방식

31 - 35 복습

1. 자동/자립 — 自 스스로 자
   기립/입장 — 立 설 립(입)
   불로장생/불가능 — 不 아닐 불(부)
   동력/동물 — 動 움직일 동
   만물/생물 — 物 물건 물

2. 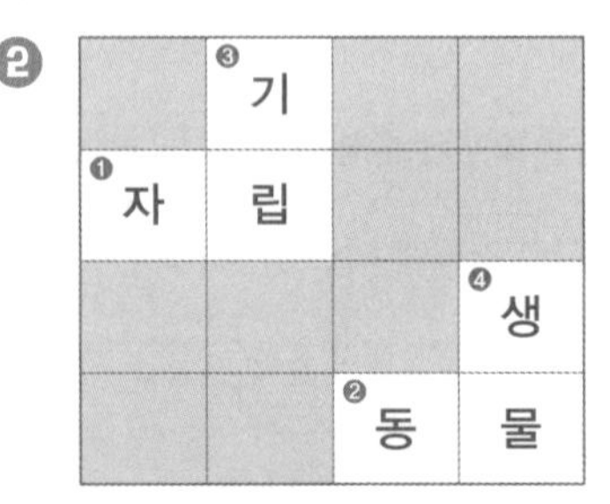

3. 자립 / (자동)　　식물 / (동물)

4. ① 1 만물 ② 4 불로장생 ③ 6 자동 ④ 5 입장 ⑤ 2 동력 ⑥ 3 불가능

36 일차

어휘 확인

정답 ⟶ **정답**을 아는 것보다 풀이를 이해하는 것이 더 중요합니다.

정직 ⟶ 부모님께서 늘 **정직**하게 행동하라고 가르치셨습니다.

문해력 향상

❶ 11 ❷ ④

37 일차

어휘 확인

직립 ⟶ 인간은 **직립** 보행을 하며 손을 자유롭게 사용합니다.

직전 ⟶ 민아는 시험 **직전**까지 교과서를 손에서 놓지 않았습니다.

문해력 향상

❶ 손과 무릎을 이용해서 바닥을 기어다녔다.

❷ ④

38 일차

어휘 확인

평면 ⟶ 나무의 울퉁불퉁한 면을 다듬어 **평면**으로 만들었습니다.

평생 ⟶ 그날의 기쁨은 **평생** 기억할 것입니다.

문해력 향상

❶ 굴러가지

❷ ①

39 일차

어휘 확인

안심 ⟶ 수술이 성공적으로 끝나자 가족들은 **안심**했습니다.

안전 ⟶ 놀이기구를 탈 때는 **안전** 수칙을 지켜야 합니다.

문해력 향상

❶ 운동장

❷ 소방 훈련

40 일차

어휘 확인

전면 ⟶ 선생님께서 칠판 **전면**에 커다란 그림을 그려 주셨어요.

전국 ⟶ 오늘 **전국**적으로 비 소식이 있습니다.

문해력 향상

❶ 전면에 아름다운 바다가 펼쳐져 있어서

❷ ③

36-40 복습

❶

정답/정직	正 바를 정
직립/직전	直 곧을 직
평면/평생	平 평평할 평
안심/안전	安 편안 안
전면/전국	全 온전할 전

❷

❶정	❸직		
	립		
		❷직	❹전
			면

❸ 오답 / (정답) 불안 / (안심)

❹ ① 2 안전 ② 4 평생 ③ 3 안심 ④ 6 정답 ⑤ 1 전국 ⑥ 5 평면

41 일차

어휘 확인

매년 — **매년** 크리스마스에 트리를 꾸밉니다.
매사 — 그는 **매사**에 신중하게 일합니다.

문해력 향상

❶ 거리로 나와 눈사람을 만들고 눈싸움을 한다.
❷ 다치지 않고 안전하게 놀기 위해서

42 일차

어휘 확인

시간 — 시험까지 남은 **시간**이 얼마 없습니다.
시공 — 영화 주인공이 **시공**을 초월해 순간 이동합니다.

문해력 향상

❶ ④
❷ (가고 싶은 장소와 이유를 자유롭게 대답하도록 합니다.)

43 일차

어휘 확인

오후 — 민지는 **오후** 내내 도서관에서 공부했습니다.
정오 — 태양은 **정오**에 가장 높게 떠오릅니다.

문해력 향상

❶ ③
❷ 수업 중에 배가 꼬르륵 울려서

44 일차

어휘 확인

공간 — 도서관은 조용한 학습 **공간**입니다.
공군 — 민지는 **공군** 조종사가 되는 것이 꿈입니다.

문해력 향상

❶ 높은 하늘을 지키고 나라를 안전하게 보호하는 것
❷ ③

45 일차

어휘 확인

간식 — 민아는 **간식**으로 시원한 주스를 마셨습니다.
연간 — 덕수궁의 **연간** 관람객이 500만 명을 넘었습니다.

문해력 향상

❶ 탕후루
❷ ②

41-45 복습

❶ 매년/매사 — 每 매양 매
시간/시공 — 時 때 시
오후/정오 — 午 낮 오
공간/공군 — 空 빌 공
간식/연간 — 間 사이 간

❷

❶ 시	❸ 공		
	군		
		❷ 공	❹ 간
			식

❸ 시공 (정오) / (간식) 단식

❹ ① 3 오후 ② 6 매년 ③ 4 시간 ④ 2 정오 ⑤ 5 매사
⑥ 1 연간

46 일차

어휘 확인

상명 —— '**상명**하복'이란 위에서 명령하면 아래에서 복종한다는 뜻입니다.

상공 —— 비행기가 **상공**에서 빠르게 지나갑니다.

문해력 향상

1. 나라의 평화를 지켜달라고 빌기 위해서
2. 상명

47 일차

어휘 확인

하산 — 우리는 **하산** 후에 식당에서 따뜻한 국밥을 먹었습니다.

하인 — 선비는 **하인**을 데리고 산책을 나갔습니다.

문해력 향상

1. 마을로 돌아가서 시험을 보기 위해
2. ③

48 일차

어휘 확인

인력거 — **인력거**는 과거에 자주 사용하던 교통수단입니다.

자동차 — 아버지는 장거리 운전을 위해 **자동차**를 점검했습니다.

문해력 향상

1. ②
2. 인력거는 사람이 직접 끌어야 해서

49 일차

어휘 확인

가수 —— **가수**의 노래 실력이 아주 뛰어납니다.

명수 —— 그는 무술의 **명수**로 불립니다.

문해력 향상

1. 우승
2. ②

50 일차

어휘 확인

부족 — 민아는 밥이 **부족**해서 한 그릇을 더 먹었습니다.

수족 — 왕은 신하를 **수족**처럼 함부로 부리며 기고만장했습니다.

문해력 향상

1. 나. – 다. – 라. – 가.
2. 민재가 준호를 자신의 수족처럼 여기며 계속 부탁했기 때문에

46-50 복습

1.
- 상명/상공 — 上 윗 상
- 하산/하인 — 下 아래 하
- 인력거/자동차 — 車 수레 거(차)
- 가수/명수 — 手 손 수
- 부족/수족 — 足 발 족

2.

		①명	③수
②하	④인		족
	력		
	거		

3. 하인 / (하산)   (가수) / 목수

4. ① 1 부족 ② 3 자동차 ③ 2 가수 ④ 5 상공 ⑤ 6 상명 ⑥ 4 하산

초판 인쇄 | 2025년 6월 10일
초판 발행 | 2025년 6월 20일

지은이 | 동양북스 교육콘텐츠연구회, 박빛나
감수 | 박빛나
발행인 | 김태웅
기획편집 | 김수연
디자인 | 남은혜, 김지혜
삽화 | 임은정
마케팅 총괄 | 김철영
온라인 마케팅 | 신아연
제작 | 현대순

발행처 | (주)동양북스
등 록 | 제2014-000055호
주 소 | 서울시 마포구 동교로22길 14 (04030)
구입 문의 | 전화 (02)337-1737 팩스 (02)334-6624
내용 문의 | 전화 (02)337-1762 이메일 dymg98@naver.com

ISBN 979-11-7210-111-4 63710

©2025, 동양북스 교육콘텐츠연구회 · 박빛나

▶ 본 책은 저작권법에 의해 보호를 받는 저작물이므로 무단 전재와 복제를 금합니다.
▶ 잘못된 책은 구입처에서 교환해드립니다.
▶ (주)동양북스에서는 소중한 원고, 새로운 기획을 기다리고 있습니다.
http://www.dongyangbooks.com

자르는 선

쓰는 만큼 내 것이 되는! 7급 II 배정 한자

한자의 뜻(훈)과 소리(음)를 수성펜으로 쓰고, 지울때는 지우개를 사용하세요.

家	間	江	車	工	空	氣	記	男	内

農	答	道	動	力	立	每	名	物	方

不	事	上	姓	世	手	時	市	食	安

午	右	子	自	場	電	前	全	正	足

左	直	平	下	漢	海	話	活	孝	後

자르는 선 ✂

쓰는 만큼 내 것이 되는! 7급 Ⅱ 배정 한자

✎ 한자의 뜻(훈)과 소리(음)를 수성펜으로 쓰고, 지울때는 지우개를 사용하세요.

집 **가**	사이 **간**	강 **강**	수레 **거(차)**	장인 **공**	빌 **공**	기운 **기**	기록할 **기**	사내 **남**	안 **내**
농사 **농**	대답 **답**	길 **도**	움직일 **동**	힘 **력(역)**	설 **립(입)**	매양 **매**	이름 **명**	물건 **물**	모 **방**
아닐 **불(부)**	일 **사**	윗 **상**	성씨 **성**	인간 **세**	손 **수**	때 **시**	저자 **시**	밥, 먹을 **식**	편안 **안**
낮 **오**	오른 **우**	아들 **자**	스스로 **자**	마당 **장**	번개 **전**	앞 **전**	온전할 **전**	바를 **정**	발 **족**
왼 **좌**	곧을 **직**	평평할 **평**	아래 **하**	한수, 한나라 **한**	바다 **해**	말씀 **화**	살 **활**	효도 **효**	뒤 **후**